시편 119편, 진리의 말씀으로 삶을 빚다

시편 119편, 진리의 말씀으로

삶을 빚다

크리스토퍼 라이트

송동민 옮김

성서유니온

여름 언어학 연구소(SIL)
차드 지부 선교사들을 위해

차례

머리말

당시 케직 협의회(Keswick Council) 의장이었던 조너선 램(Jonathan Lamb)이 1998년 7월에 열릴 케직 사경회에서 오전 성경공부를 인도해 달라고 요청해 온 것은 제게 신선한 충격이자 감사였습니다. 그래서 그 요청을 흔쾌히 수락했습니다. 이후 보낸 편지에서 그는 내게 시편 119편에 관한 다섯 차례의 강해를 전해 줄 수 있을지 물었습니다. 그 순간 처음에 느낀 흥분이 조금 가라앉았습니다. 제게 상당한 도전이었기 때문에 얼마간 고민하다가 결국 그 요청을 수락했습니다.

하지만 과연 어떻게 진행해야 할까요? 앞서 저는 한 동료 사역자가 스무 명 정도의 인원을 데리고 시편 119편 연구 모임을 인도했던 이야기를 들은 적이 있었습니다. 이 시편은 각기 여덟 절로 이루어진 스물두 단락으로 되어 있는데, 그는 매주 한 단락씩 암송해 올 것 그리고 자신의 신앙과 분투가 담긴 개인적인 시를 써 올 것을 요청했습니다. 모임을 시작하면 각자 자신의 시와 시편 119편의 해당 단락을 암송한 뒤, 그 단락 내용을 함께 나누고 기도한 것입니다. 그런데 제 경우 케직 사경회에서 말씀을 전할 시간은 (스물두 차례가 아닌) 다섯 차례뿐이었으며, 수천 편에 달하는 참석자들의 시를 전부 살피는 일도 불가능할 게 뻔했습니다. 그러니 이와는 다른 접근법을 찾아야 했습니다.

뿐만 아니라 성경에서 가장 긴 이 시편을 그저 닷새에 걸쳐 한 구절씩 다룰 수는 없었습니다. 그래서 저는 이 시편을 집에서 쉴 때든 기차 여행을 할 때든 그리고 다른 어디서든 계속 읽고 또 읽었습니다. 그러자 마침내 몇 가지 핵심 주제가 머릿속에 떠오르기 시작했습니다. 그 후 이 주제들은 다섯 차례의 성경 강해로 구체화되었으며, 결국 이 책의 주요 본문을 이루게 되었습니다.

이제 개인과 소그룹 성경공부, 그리고 설교자들의 본문 연구에 도움이 되도록 그 내용을 책으로 출간하게 되어 기쁩니다. 처음에 강사로 초청해 준 조너선 램에게 깊이 감사하며, 이 책의 출판 과정 전체를 주관한 케직 미니스트리(Keswick Minisitires)와 어센틱(Authentic) 출판사 측에도 감사를 드립니다. 그리고 이 책의 초판 편집자인 루시 애더튼(Lucy Atherton), 그리고 제2판의 편집을 맡은 이소벨 스티븐슨(Isobel Stevenson)과 모래그 벤터(Morag Venter)에게도 감사를 표하고 싶습니다.

이 책의 마지막 부인 '개인적인 회복과 생명의 말씀'을 집필할 당시 저는 아프리카에서 신실한 여러 지체들과 함께 지내고 있었습니다. 이들은 여름 언어학 연구소(Summer Institute of Linguistics, SIL) 차드 지부에 속한 오십여 명의 선교사들이었습니다. 당시 저는 아직 자기 글자로 된 성경을 갖지 못한 차드의 여러 부족을 위해 성경을 번역하는 모습을 보며 큰 격려와 감동을 받았습니다. 그들은 하나님 말씀의 진리와 생명력, 그리고 우리 삶과의 관련성에 깊이 헌신되어 있었으며, 그 모습을 보면서 저는 시편 119편을 거듭 떠올렸습니다. 당시 그들이 이 시편 기자가 감내했던 것과 동일한 씨름과 스트레스와 고난을 묵묵히 감내하고 있었기 때문입니다. 이제 저는 그들의 수고에 탄복하고, 하나님이 그들을 통해 이루고 계신 일들을 찬양하며, 그들과 함께 보낸 복된 일주일에 감사하는 마음으로 이 책을 그들에게 헌정하려 합니다.

2020년 5월

크리스토퍼 라이트

이 책의 사용법

이 시편 강해서의 목적은 독자들이 성경의 세계와 자신이 속한 세계 사이의 격차를 극복하도록 돕는 데 있습니다. 이 책은 21세기를 살아가는 우리에게 시편 119편의 실제 의미를 생생히 전해 줍니다. 그리고 각 장에 실린 여러 질문은 저자가 제시하는 본문의 원리들을 여러분의 삶과 정황에 적절히 접목하게끔 도와줄 것입니다. 여러분은 각자의 묵상 시간 혹은 성경 공부 모임 때 이 해설서를 요긴히 활용할 수 있습니다.

개인 성경 연구에서 활용하기

기도로 연구를 시작해 성경 본문과 해설을 여러 번 읽어 본 다음 각 장 질문에 답해 보십시오. 이 책을 읽다가 떠오르는 여러 생각들을 책의 여백에 적어 보는 것도 유익할 것입니다. 이는 본문의 메시지를 깊이 묵상하고 그 내용이 자신의 상황에 구체적으로 어떻게 적용될지를 파악하는 데 도움이 될 것입니다. 그리고 하나님이 이제까지 여러분에게 깨우쳐 주신 여러 교훈들을 돌아보는 일도 큰 힘이 될 것입니다!

아울러 본문에서 깨달은 내용을 주위 사람들과 함께 나누어 보십시오. 새로 얻은 모든 교훈을 여러분 삶에 바르게 적용할 수 있도록 함께 기도하십시오.

소그룹에서 활용하기: 인도자들을 위한 권면

모임을 준비할 때, 먼저 기도한 뒤 성경 본문과 해설을 여러 번 반복해 읽어 보십시오. 도움이 된다면 성경 사전이나 지도 등의 자료들을 활용해도 좋습니다. 매주 모임 때 어떤 도구나 방편이 필요하겠는지를 깊이 생각해 보십시오. (그 예로는 도표, 펜과 종이, 여러 성경 역본, 예배 음악 등이 있습니다.)

각 장 서두에 목표가 제시되어 있습니다. 이는 그 장에서 다루는 본문의 핵심 메시지이자 여러분 모임에서 함께 나누어야 할 진리입니다. 이 점을 염두에 두고, 여러분 모임에서 어떤 질문과 활동에 가장 많은 시간을 쏟아야 할지를 결정해 보십시오. 그리고 여러분이 속한 모임이나 교회의 상황에 도움을 줄 다른 질문들을 추가해 보십시오.

아울러 지체들에게는 그 모임에서 다루게 될 성경 본문과 해

설을 미리 읽어 올 것을 권장하기 바랍니다.

지체들이 그날 모임에서 배운 내용을 자기 삶의 정황에 적절히 적용할 수 있게, 각 장 끝부분에 있는 '묵상과 토론을 위한 질문'을 함께 살필 시간을 충분히 확보해 두십시오.

시편 119편 설교하기

이제 설교자들에게 간단히 권면하려 합니다. 이 책은 랭햄 설교 자료 센터의 출판물이며, 현재 전 세계 여러 지역에서 랭햄 설교 운동이 전개되고 있습니다. 우리는 설교자들이 말씀을 전할 때 다음 세 가지 요점에 초점을 맞추도록 권고하며, 이 책이 이러한 면에서 어느 정도 본보기가 되기를 희망합니다.

- **나는 성경 본문에 충실한가:** 과연 나는 본문의 의미를 제대로 숙고하여, 본문의 원 저자가 자신의 청중에게 전달하려 했던 메시지를 바르게 드러내고 있는가?
- **나는 명확하게 전달하고 있는가:** 과연 내가 메시지를 전하는 방식이 청중이나 독자가 본문의 힘과 흐름을 제대로 파악하는 데 도움이 되는가?
- **내가 전하는 메시지는 적절한가:** 과연 나는 본문의 메시지를 청중의

삶과 연결하고 있는가? 그들이 속한 문화의 분위기와 세계관 뿐만 아니라 그들이 개인과 가정, 교회에서 직면하는 여러 도전에 본문의 가르침을 어떻게 적용할 수 있는지 보여 주고 있는가?

설교자든 소그룹 리더든 간에, 성경 본문의 의미를 가르치는 이들에게 이 세 가지 질문은 매우 유익할 것입니다.

시편 119편 서론

1740년대에 사역했던 잉글랜드의 목회자 윌리엄 그림쇼(William Grimshaw)는 자신이 예배에 불참한 교구민들을 찾아 교회로 데려오는 동안, 나머지 회중에게 시편 한 편을 암송하게 했습니다. 결석자가 많아 시간이 좀 걸릴 경우에는 시편 119편을 외우게 했지요.

시편에서 119편의 분량이 가장 길다는 것은 잘 알려진 사실입니다. 그 내용을 간단히 훑어보기만 하면, 119편 거의 모든 구절에서 하나님의 말씀 혹은 율법을 언급하고 있음을 쉽게 파악할 수 있습니다. 어떤 이들은 이런 본문의 패턴이 상당히 반복적이고 지루하다고 여겨서 아예 119편을 자세히 살피지 않으려 합니다. 하지만 시편 119편은 실로 탁월하게 기록된 시이기에, 이는 상당히 안타까운 일입니다.

나아가 119편 번역본을 읽을 때 그 본문의 한 가지 중요한 특성을 놓치기 쉽습니다. 이 시편은 본래 하나의 이합체 시로 작성되었습니다. 이합체 시는 각 행이 알파벳 순서대로 시작하는 문학 형식을 말합니다. 이를테면 첫 행은 a로, 두 번째 행은 b로, 그 다음 행은 c로 시작하는 식입니다. 시편 111편과 112편도 같은 기법을 사용하며, 실제로 그 두 시편은 하나의 쌍을 이룹니다. 즉 111편에서는 하나님의 의를, 112편에서는 하나님을 경외하는 이들의 의를 다룹니다.

하지만 시편 119편 저자는 히브리어 알파벳 글자 하나당 하나의 행을 할애하는 데 만족하지 않았습니다. 그에게는 전할 메시지가 실로 많았기에, 각 글자당 여덟 개의 행이 필요했습니다! 그리하여 그는 (히브리어 알파벳 각 글자로 시작하는) 스물두 개의 연이 각각 여덟 행으로 구성되도록 하나의 방대한 시편을 만들어 냈습니다. 그리고 이러한 점 때문에 많은 영어 성경에서는 시편 119편 각 단락마다 해당 히브리어 알파벳 이름이나 그것을 상징하는 기호를 표기하고 있습니다.

나아가 저자는 하나님 말씀을 여덟 가지 다양한 표현들로 지칭함으로써 자신의 시편 속에 더욱 풍성한 메시지를 담아냈습니다. 그 단어들 중 일부는 의미상 상당히 유사하지만, 그럼에도 그들 사이에 미묘한 차이가 있습니다. 여기서는 시편 119편에서 그 단어들이 언급되는 순서대로 열거해 보려 합니다.

시편 119편에서 이 단어들은 마치 양탄자의 털실처럼 서로 밀접히 엮인 채로 그 시편에 일종의 색채와 질감을 제공합니다. 음악에 빗대자면, 이 단어들은 이 시편 전체의 배경을 이루는 리듬과 같다고 할 수 있습니다.

	히브리어 단어	대략적인 의미
1절	토라(*Torah*)	율법 전체, 기본적으로 '지도'를 의미함
2절	에도트('*edoth*)	증거, 증언, 규례
4절	피쿠딤(*Piqqudim*)	교훈, 명령, 세부적인 가르침
5절	후킴(*Huqqim*)	율례, 명문화되어 구속력이 있는 지침
6절	미츠보트(*Miswoth*)	명령, 계명
7절	미쉬파팀(*Mispatim*)	법도, 판단, 결정, 선례
9절	다바르(*Dabar*)	말씀
38절	이므라('*imrah*)	약속

이 단어들을 살피다가, 어떤 이들은 자칫 시편 119편을 '율법을 기리는 시편'으로 여길 수도 있습니다. 맹목적인 복종, 심지어는 율법주의를 장려하는, 일종의 따분하고 건조한 설교로 치부하는 것입니다. 하지만 실제로 이 시편의 주제는 그런 의미의 율법과 직접적인 연관성이 없습니다. 오히려 처음 세 절을 제외하면, 이 시편 전체가 **하나님을 향한 일종의 고백**입니다. 그 예로, 이 시편에서 가장 자주 반복되는 표현들은 율법을 지칭하는 단어들이 아니라, 하나님을 지칭하는 "주"(you)와 "주의"(your)입니다. 달리 말해, 이 시편은 온전히 하나님과의 관계를 다룬 노래입니다. 그것은 저자 개인의 깊은 경험과 더불어 하나님과의 친밀한 관계에서 흘러나오는 확장된 기도이자 증언이며, 간절한 호소이자 탄원, 그리고 확신입니다. 이 시편을 다루어 나가는 동안, 우리는 바로 이러한 면을 음미해 보아야 합니다.

시간이 얼마나 걸리든 이 책과 함께 시편 119편을 깊이 묵상할 때 우리에게 어떤 유익이 있을까요? 아마도 우리는 그 시편이 수많은 신자의 공통된 경험을 담고 있음을 발견하게 될 것입니다. 시편 기자는 우리에게 하나님의 말씀을 선포할 뿐 아니라, 우리 각자의 경험 역시 생생하게 대변합니다.

그러면 이 시적인 예술 작품에서 우리가 계속 대면하게 되는 그 기자는 과연 어떤 인물일까요? 제가 생각하는 그의 모습은 이러합니다.

- 하나님과 그분의 말씀을 깊이 사랑했던 사람
- 하나님을 기쁘시게 하며 살기를 간절히 열망했던 사람
- 그런 삶이 자신에게 온전한 기쁨과 복, 자유와 만족을 가져다 줄 것임을 알았던 사람
- 옳은 길로 행하는 동시에 죄악과 거짓을 피하려 했으며, 이를 위해 하나님의 도우심을 구했던 사람
- 깊은 역경과 환난, 외적인 위협과 내적인 두려움을 겪고, 탈진한 채로 낙담과 좌절에 시달려 우울증의 징후를 보였던 사람
- 하나님이 이 모든 필요를 채우시고 자신의 삶을 새롭게 하시며 보호하고 지탱해 주시기를 갈망했던 사람
- 하나님이 사랑이 많고 은혜로우며 의롭고 자비로운 분임을 알았으며, 특히 성경을 통해 이 모든 지식을 얻었던 사람

혹시 이러한 특징 중 일부 또는 전부가 여러분 마음에 공감을 일으킨다면, 이 시편은 여러분의 신앙 여정을 위한 훌륭한 동반자가 될 것입니다. 그리고 이 시편으로 설교할 계획이라면, 여러분 회중 가운데 이런 경험을 공유하는 사람들이 있을 가능성이 매우 높습니다.

이 책에서는 119편을 한 구절씩 일일이 살피기보다는 거듭 반복되는 몇 가지 주제를 파악하고 그것들을 깊이 다루는 편이 더 바람직해 보입니다. 그러므로 이 책의 각 부를 시작할 때마다 해당 부에서 다룰 주제와 밀접히 연관되는 시편의 일부를 읽도록 권장할 것입니다. 소그룹에서 119편을 공부하는 이들은 그 본문을 함께 낭송해도 유익할 것입니다. 아래에 우리가 다룰 주제들을 제시해 두었습니다. 각 주제는 한 쌍으로 이루어져 있으며, 시편 기자의 감정과 필요, 그리고 그러한 감정과 필요에 응답하는 하나님 말씀의 속성을 함께 묶어 놓았습니다.

	주제	추천 구절
1부	개인적인 헌신과 진리의 말씀	57-64절
2부	개인적인 인도와 빛 되신 말씀	97-105절
3부	개인적인 죄와 은혜의 말씀	9-16절
4부	개인적인 고통과 탄식의 말씀	81-88절
5부	개인적인 회복과 생명의 말씀	153-160절

본격적인 탐구를 시작하기 전에, 먼저 시편 119편 전체를 천천

히 음미하면서 읽어 보십시오. 그 시편의 분위기와 정서를 느끼고, 시편 기자의 기도에 여러분도 동참해 보기 바랍니다.

* 1부. 개인적인 헌신과 진리의 말씀 시 119:57-64

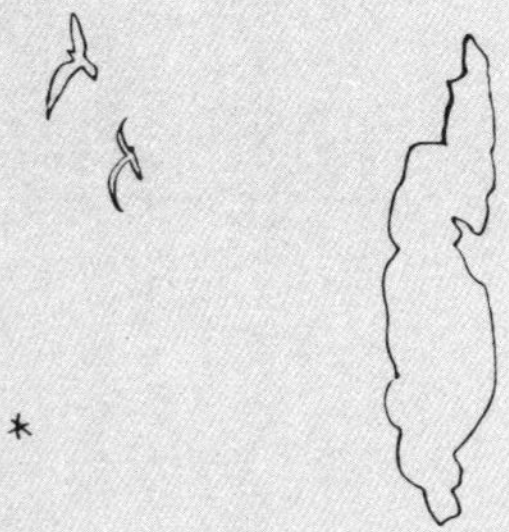

저는 오랫동안 타문화권 선교에 관여해 왔습니다. 인도에서 5년간 사역한 적도 있지만, 랭햄 파트너십에 합류하기 전에 13년간 올네이션즈 크리스천 칼리지에서 재직한 경험이 그보다 훨씬 큰 부분을 차지합니다. 올네이션즈 칼리지에 있을 때나 여러 졸업생들의 사역지를 방문할 때, 저는 남녀 선교사들이 보여 준 헌신의 깊이를 실감하면서 겸손과 경이로움을 느꼈습니다. 이들의 헌신은 그들의 가장 깊은 가치관과 신념에서 비롯된 것이었습니다.

- 저는 아프가니스탄에 갔을 때, 그곳에 파견된 의료진들과 봉사자들이 최악의 상황 속에서도 온갖 위험을 감수하면서 환자들의 치료에 힘쓰는 것을 보고 경탄했습니다. 그런 그들의 헌신은 (어떤 종교를 따르든, 사지가 멀쩡하든 아니든 간에) 모든 사람이 하나님에게 소중하며, 그 자체로 사랑과 섬김의 대상이 되어야 한다는 확신에서 비롯된 것이었습니다. 한번은 졸업생 하나가 올네이션즈 칼리지에 돌아와 말씀을 전한 적이 있었습니다. 메시지가 끝날 무렵, 그는 대수롭지 않다는 태도로 바지 주머니에서 찌그러진 총알 몇 발을 꺼내더니 자신을 위해 기도해 줄 분들에게 그것들을 나눠 주겠다고 이야기했습니다. 그 총알들은 전쟁 지역에서 활동하던 그의 침실 벽, 전등갓, 문틀에서 파낸 것들이었습니다.

- 저는 북아프리카의 사막 지역에서 활동하는 한 산파의 글도 읽었습니다. 그녀는 심한 허리 통증으로 고생하면서도, 자신이 출산을 도운 갓난아기들의 무한한 가치를 찬미하는 동시에 하나님이 주신 소중한 자녀를 유산하게 된 어머니들의 슬픔에 깊이 공감하고 있었습니다.
- 저는 기독교 환경운동가들이 작은 새들을 다정히 보살피는 모습도 보았습니다. 그들은 세상 모든 피조물의 귀한 가치를 확신하고 있었습니다. 하늘 아버지의 허락 없이는 참새 한 마리도 땅에 떨어지지 않는다면, 그 새들을 돌볼 이유가 충분하다는 것입니다.
- 저는 차드에서 사역하는 한 선교사가 만성 피로 증후군과 여러 다른 질병에 시달리면서도 성경 번역을 계속 이어 가는 이야기를 들은 적이 있습니다. 당시 그녀는 이렇게 말했습니다. "결국 성경은 하나님 말씀이니까요. 저들에게는 그 말씀이 필요하고, 하나님은 그 말씀을 그들에게 전달할 은사를 제게 주셨어요. 그러니 어떻게 그 일을 마다할 수 있겠어요?"

이렇게 감동적인 사례는 무수히 많습니다. 이 사례들은 깊은 헌신의 이야기이며, 각각의 경우에 그 헌신은 그 사람 자신의 핵심 신념에서 유래합니다.

시편 119편 저자는 하나님에게 온전히 **헌신되어** 있었던 것이 분명합니다. 그는 온 몸과 마음, 영혼과 지성을 다해 그분의 말씀과 뜻을 따르려고 했습니다. 그리고 이처럼 하나님에게 열렬히 헌신했던 이유를 찾기는 어렵지 않습니다. 이는 그의 **세계관** 전체가 '하나님 말씀은 참되고 믿을 만하다'는 확신의 영향 아래 있었기 때문입니다. 그 시인의 삶은 이 핵심 신념에 토대를 두고 있었으며, 때로 그의 상황이 힘겹고 불안정할 때도 그 믿음은 스러지지 않았습니다. 이처럼 하나님 말씀을 향한 **헌신**은 그 말씀에 대한 **확신**에서 자랍니다.

이제 이 시편 기자가 하나님 말씀에 대한 확신을 표현하는 몇 가지 방식을 살펴봅시다(이 시편에서 그 말씀은 주로 "주의 법"으로 지칭됩니다). 여기서 우리는 그가 품었던 믿음과 신뢰, 사랑과 기쁨, 순종과 헌신의 초점이 바로 그 말씀에 있음을 보게 될 것입니다. 그는 지성과 감정, 행동의 전 영역에서 하나님 말씀에 온전히 응답하고 있습니다. 그의 머리와 마음, 손발이 모두 참여한 것입니다.

1. 믿음과 헌신의 초점인 하나님 말씀

119:89-96, 137-144, 151, 160

목표: 하나님 말씀의 초월적인 성격에 초점을 두기

주제에 집중하기

여러분의 삶에서 가장 소중한 가치들은 무엇입니까? 도덕이나 정의, 평등 혹은 복음 전도입니까? 성경은 여러분의 핵심 신념과 헌신에 어떤 영향을 끼치고 있나요? 이 장에서는 66절에 나오는 다음의 간결한 고백을 주된 출발점으로 삼으려 합니다. "내가 주의 계명들을 믿었사오니."

읽기: 시편 119:89-96, 137-144, 151, 160

핵심 구절: 시편 119:66

개요

1. **하나님 말씀은 영원하며 보편적이다**(89-91, 96절)

2. **하나님 말씀은 의롭고 도덕적이다**(128, 137-138, 172절)

3. **하나님 말씀은 참되고 실제적이다**(142, 151, 160절)

결론

“내가 주의 계명들을 믿었사오니”(66절)라는 기자의 고백은 그가 그 말씀을 온전히 신뢰한다는 것을 의미합니다. 일련의 규칙에 대한 맹목적인 복종보다 훨씬 많은 내용이 이 안에 함축되어 있습니다. 그의 실제 말뜻은 이러합니다. “나는 이 말씀을 이해하며, 그 가르침에 동의합니다. 나는 이 말씀이 참되고 타당함을 확신하고, 그 내용에 의존하며, 그 말씀을 믿고 따를 수 있음을 압니다.” 그는 하나님의 계명이 신뢰할 만하다는 것을 지적인 믿음으로 받아들이며 이렇게 확언합니다. “주의 모든 계명들은 신실하니이다”(86절).

그러면 시편 기자가 하나님 말씀에 관해 이같이 지적이며 도덕적인 확신을 품은 이유는 무엇일까요? 이 질문의 답은 하나님 말씀이 **영원하고 의로우며 참되다**는 그의 확신을 드러내는 일련의 구절 속에 담겨 있습니다. 이제 이 말씀의 속성들을 하나씩 살펴봅시다.

1. 하나님 말씀은 영원하며 보편적이다(89-91, 96절)

하나님이 영원하며 초월적이기에 그분의 말씀 역시 그러합니다. 또한 참되고 살아 계신 한 분 하나님이 온 세상을 소유하고 다스리며 그 속에 충만히 임재하신다면, 그분의 말씀 역시 온 세상에 보편적이어야 합니다. 시편 기자는 본문에서 바로 이 점을 언급합니다. 아래 본문을 읽으면서 그 광대한 의미를 헤아려 보십시오.

> 여호와여 주의 말씀은 영원히
> 하늘에 굳게 섰사오며
> 주의 성실하심은 대대에 이르나이다.
> 주께서 땅을 세우셨으므로 땅이 항상 있사오니
> 천지가 주의 규례들대로 오늘까지 있음은
> 만물이 주의 종이 된 까닭이니이다. (89-91절)

> 내가 보니 모든 완전한 것이 다 끝이 있어도
> 주의 계명들은 심히 넓으니이다. (96절)

> 내가 전부터 주의 증거들을 알고 있었으므로
> 주께서 영원히 세우신 것인 줄을 알았나이다. (152절)

우리는 이 구절들이 다음의 내용을 뜻한다고 여겨서는 안 됩니다. '하나님의 법은 어떤 특정 지역의 정황과 연관되지 않은 추상적인 원리라는 의미에서 시간을 초월한다.' 오히려 모든 하나님의 말씀은 특정 역사와 문화 속에서 주어졌으며, 그렇기에 당시의 정황과 긴밀히 부합했습니다. 하지만 본래의 구체적인 기반 덕분에, 하나님의 말씀은 영속성을 지니며 오늘날에도 여전히 권위 있고 적절하게 말을 걸고 있습니다. 그렇기에 우리는 그리스도의 오심보다 천 년 이상 앞선 시기에 하나님이 시내산에서 모세를 통해 주신 말씀을 읽을 수 있으며, 이후 그리스도의 오심보다 7, 8세기 앞선 시기에 이사야와 예레미야를 통해 주신 말씀도 읽을 수 있습니다. 그리고 그리스도께서 오신 후 수십 년이 지나 바울이 고린도의 새 신자들에게 기록해서 보낸 말씀 역시 읽을 수 있습니다. 그리고 우리가 바르게 듣는 법을 배우기만 한다면, 오늘날 하나님이 우리 마음을 향해 하시는 말씀을 여전히 들을 수 있습니다. 시편 기자는 바로 이러한 점을 깨달았습니다. 그는 하나님의 율법이 주어진 때로부터 여러 세기 이후에 생존했지만, 그 말씀의 영속적이며 보편적인 연관성을 확언할 수 있었습니다.

다른 시편 기자는 하나님의 법이 "금보다, 순금보다 더 탐스럽고, 꿀보다, 송이꿀보다 더 달콤하다"고 언급한 바 있습니다(시 19:10, 새번역). 그리고 시편 119편 기자는 "다이아몬드는 영원하다"(다이아몬드 회사 '드비어스'의 유명 광고 문구—옮긴이)라는 문구를 바꿔 이렇게 고백할 수 있었을 것입니다. "하나님 말씀은 영원하다."

- 인간이 성취할 수 있는 최고의 업적에도 한계가 있습니다. 이에 반해, 이 구절들은 하나님의 계명에 대해 무엇이라고 말하나요? 이 구절들은 하나님의 율법을 보편성이라는 관점에서 어떻게 제시하나요?
- 하나님의 계명들이 처음에 특정 지역의 정황에서 주어졌지만 인류의 모든 시대와 지역에 대해 관련성을 갖는다는 점에 대해 생각해 봅시다. 하나님이 어떤 이유에서 그분의 법을 주셨다고 생각하나요? 그 의도는 어디에 있었을까요?
- 오늘날 우리는 하나님의 계명들에 어떻게 반응해야 할까요?

2. 하나님 말씀은 의롭고 도덕적이다(128, 137-138, 172절)

율법은 하나님의 영원하고 보편적인 성격을 반영할 뿐 아니라, 그분의 의, 공의, 순전함, 긍휼 등 도덕적인 성품 역시 드러냅니다. 그리고 완전하고 객관적이며 의도적으로 그렇게 합니다. 다음 구절들을 읽고 그 구절들이 말하는 내용과 이에 대한 시편 기자의 반응을 묵상해 보십시오.

여호와여, 주는 의로우시고
주의 판단은 옳으니이다.
주께서 명령하신 증거들은 의롭고

지극히 성실하니이다. (137-138절)

그러므로 내가 범사에 모든 주의 법도들을 바르게 여기고
모든 거짓 행위를 미워하나이다. (128절)

주의 증거들은 영원히 의로우시니
나로 하여금 깨닫게 하사 살게 하소서. (144절)

주의 모든 계명들이 의로우므로
내 혀가 주의 말씀을 노래하리이다. (172절)

성경에서 "의로운"과 "의"로 번역되는 히브리어 단어들은 대체로 '원래 의도된 본질에 충실히 부합하는 것'을 지칭합니다. 이는 다른 모든 일을 판단하는 하나의 기준과 규범이 됩니다. 이 시편의 맥락에서 하나님 말씀과 법은 우리 행실을 판단하는 온전한 기준이 됩니다. 그 계명들은 일종의 올곧은 잣대 또는 다림줄입니다. 따라서 우리는 자신의 모든 윤리적 견해와 도덕적인 신념을 이 말씀의 빛 아래로 가져와서 검증받아야 합니다.

이처럼 하나님의 법이 의롭기에 우리는 그것을 신뢰할 수 있습니다(정확한 저울과 자를 생각해 보십시오). 그리고 하나님 자신이

의로우시기에, 그분의 말씀 역시 같은 자질을 지닙니다.

- 옳다는 것과 신뢰할 만하다는 것 사이에는 어떤 연관성이 있나요? 그리고 이는 우리의 일상생활에 어떤 영향을 미칠까요(예를 들어 시계나 저울)? 더 나아가 이는 우리가 성경에 담긴 하나님의 도덕적인 가르침을 신뢰하는 데 어떤 영향을 미칠까요?
- 하나님의 법이 도덕적으로 완전하다는 사실 앞에서 시편 기자는 개인적으로 어떻게 응답하고 있나요?
- 하나님 말씀에 대한 이 시편 기자의 반응을 우리 각자의 삶 속에서 어떻게 본받을 수 있을까요? 도덕적인 노력(128절)과 진심 어린 찬미(172절) 사이에서 그가 어떻게 균형을 이루었는지 깊이 묵상해 보십시오.
- 지난 한 해를 되돌아 보십시오. 특정한 성경 본문이 여러분의 삶 속에서 '올곧은 잣대'가 되어 여러분의 태도와 행실에 대한 의의 표준으로 작용한 적이 있었나요? 그리고 지금 여러분에게 그런 역할을 하는 성경 구절은 무엇인가요?

3. 하나님 말씀은 참되고 실제적이다(142, 151, 160절)

주의 의는 영원한 의요
주의 율법은 진리로소이다.(142절)

여호와여, 주께서 가까이 계시오니
주의 모든 계명들은 진리니이다. (151절)

주의 말씀의 강령은 진리이오니
주의 의로운 모든 규례들은 영원하리이다. (160절)

160절은 말 그대로 이렇게 말합니다. "주님의 말씀 전체가 참됩니다." 여기서 시편 기자의 강조점은 말씀에 나오는 단어 하나하나가 옳다는 것보다는, 성경에 담긴 하나님의 자기 계시 전체가 진리임을 드러내려는 데 있습니다. 그렇기에 그 말씀을 영원히 신뢰할 수 있다는 것입니다.

우리는 '진리'를 곧 '실재에 부합하는 것'으로 정의할 수 있습니다. 다시 말해, '진리'는 실제로 존재하는 것을 충실하게 반영하는 것입니다. 즉, 어떤 진술이든 '실제로 존재하는 무언가'를 지칭하는 경우에만 참(혹은 거짓)이 될 수 있습니다. 한 예로, "바닷물은 짜다"는 진술은 옳습니다. 이는 바다가 실제로 존재하며, 인간이 오랫동안 바닷물을 소금의 원천으로 이용해 왔기 때문입니다. 하지만 "요정들에게 날개가 있다"는 진술은 참이나 거짓이 될 수 없습니다. (동화 속 나라를 제외한다면) 요정이 실제로 존재하지 않기 때문입니다.

우리가 "하나님 말씀은 참되다"고 고백할 때, 이는 그 말씀이 실재, 즉 하나님과 그분의 소통하시는 능력이라는 실재를 지칭한다는 것을 의미합니다. 뿐만 아니라 그 말씀에서 가르치는 모든 내용이 그 실재의 다양한 부분에 관한 것임을 의미합니다. 하나님의 말씀은 이 세상의 창조나 그분의 형상으로 지음 받은 인간의 삶, 죄로 깨어진 우리의 현 상황, 그리고 온 인류와 창조 세계의 구속을 위해 하나님이 역사 속에서 행하신 일들을 계시합니다. 하나님의 말씀은 실제적입니다. 하나님의 말씀은 이 세상의 참모습을 그대로 그려냅니다. 이 말씀은 우리 인간이 어떻게 지금의 처지에 이르게 되었으며, 하나님이 어떻게 자신이 뜻하신 방향으로 이 세상을 이끌어 가시는지를 일깨웁니다.

따라서 시편 기자가 하나님 말씀의 이 위대한 속성을 선포할 때, 그는 그저 그 말씀의 사실적인 정확성을 언급하는 데 머물지 않습니다. 오히려 그는 '진짜 실재하는' 것에 관한 참되고 신뢰할 만한 이야기를 듣게 된다는 점을 말하려 합니다. 그리고 그는 바로 그 이야기 위에 자신의 모든 삶과 소망을 구축합니다. 그 밖의 모든 것은 그저 가라앉는 모래와도 같기 때문입니다.

- 이 단락에서 인용한 구절들에서 시편 119편에서 하나님의 법을 지칭하는 데 쓰인 여덟 개의 단어 중 세 가지가 사용됩니다.▸ 그리고 이 각각의 단어에 관해 동일한 메시지를 전달합니다. 즉, 이들이 참되다는 것입니다. 여러분도 직접 확인해 보십시오.
- 여기서 인용된 각 본문 바로 앞 구절들을 읽어 보십시오. 그 구절들을 통해 지금 시편 기자가 처한 상황에 대해 어떤 점을 알 수 있나요?
- 인생의 힘겨운 시기를 지날 때, 하나님 말씀이 참되다는 확신은 우리를 어떻게 지탱해 주나요? 실제로 그러한 유익을 경험했던 일을 나눌 수 있나요?

결론

위의 세 가지 요점을 종합할 때, 시편 기자는 하나님 말씀을 바라보면서 그 말씀을 전적인 신뢰의 대상으로 삼고 있습니다. 그는 그 말씀을 견고하고 객관적이며 의지할 만한 실재로 받아들인 것입니다.

- 하나님 말씀은 그 범위와 관련성 측면에서 보편적이다.
- 하나님 말씀은 규범적이어서 도덕적 기준을 제시하고 도덕적

▶ 시편 119편 서론의 19쪽을 보라.

인 요구를 한다.

• 하나님 말씀에서 주장하는 진리들은 참되고 신뢰할 만하다.

여기에 제시된 주장들은 실로 거대한 의미를 지닙니다. 그리고 적어도 서구권에서는 상당한 논란의 대상이 되기도 합니다. 오늘날 많은 사람이 영원하고 초월적인 실재, 객관적이고며 보편적인 도덕, 혹은 절대적이고 최종적인 진리의 존재를 더 이상 믿지 않습니다. 그들은 종교나 철학, 심지어 과학을 통해 그런 확실성을 추구하려는 시도가 그릇되고 무의미할 뿐 아니라 억압적이기까지 하다고 여깁니다. 그들에 따르면, 어떤 문화나 종교, (과학 이데올로기를 포함해) 이데올로기도 보편 타당한 진리를 구현하지 못합니다. 모든 일은 상대적입니다. 거대한 역사와 문화의 흐름 속에서 나타났다가 사라지기를 반복할 뿐입니다. 인생은 하나의 떠들썩한 축제와 같으니 살아가는 동안에 변화를 즐기되, 삶의 깊이나 궁극적인 토대 같은 것을 찾으려 들지 마십시오. 그런 것은 없습니다. 궁극적인 실재 같은 것은 없습니다. 오직 이미지만이 존재할 뿐입니다. 나아가 궁극적인 도덕 같은 것도 없습니다. 오직 각자에게 이로운 것만 있을 뿐입니다. 궁극적인 영원 같은 것도 없습니다. 오직 이 순간의 표면적인 경험만이 있을 뿐입니다.

시편 119편은 이들을 향해 어떻게 응답할까요? 이 시편에서는 다음과 같이 확언하고 있습니다.

- 이 세상에는 영원하고 초월적인 실재가 있다. 살아 계시고 인격적이신 창조주이자 구속주이신 하나님이 바로 그분이시다. 우리는 그분의 말씀을 통해 그분에게로 나아간다.
- 모든 시대와 문화 속에 있는 사람들에게 적용되는 하나의 보편적인 도덕 기준이 있다. 우리는 하나님의 말씀을 통해 그 기준과 접한다. 그리고 하나님은 자신의 형상으로 지음받은 모든 사람 속에 그것을 아는 마음을 심어 주셨다(롬 1:19-20을 보라).
- 세상에는 객관적인 진리가 있다. 이는 사물의 참모습을 충실히 반영하는 이야기와 설명, 혹은 세계관을 지칭한다. 그리고 우리는 이해력이 닿는 한도 안에서 그 진리를 헤아릴 수 있다.

다른 모든 지식의 경우와 마찬가지로, 우리가 이 성경의 세계관을 받아들이는 일은 합리적이고 보증된 믿음에 기반을 둡니다. 여러분은 그 믿음 위에 서서 그것을 옹호할 수 있습니다. 또한 그 믿음을 토대 삼아 여러분의 삶과 선택과 미래를 세워 나갈 수 있습니다.

시편 기자는 바로 그 믿음 위에 서 있었습니다. 그는 하나님의 말씀에 믿음의 초점을 두었습니다. 과연 지금 여러분도 그곳에 서 있습니까?

더 깊이 나아가기

레위기 5:14-19; 25:8-31; 민수기 14:3-21; 고린도전서 11:4-10을 읽어 보십시오.

원래 우리를 상대로 기록되지 않은 성경 본문의 권위와 관련성을 어떻게 찾을 수 있을까요? 해당 본문의 구체적인 정황에서 하나님의 더 넓은 의도를 살펴 그 메시지를 우리 자신의 구체적인 정황으로 가져오기 위해서는 어떻게 해야 할까요? 그 본문을 우리 삶의 정황에 어떻게 적용할 수 있을까요? 여러분 삶에 적용해 본 후 어떠했는지 나눠 보십시오.

묵상과 토론을 위한 질문

예수님은 살아 계신 하나님의 말씀이시며(참조. 요 1장을 보라), 자신이 "길이요 진리요 생명"이라고 선포하셨습니다(요 14:6).

앞의 연구에서 강조한 하나님 말씀의 어떤 측면이 예수님의 인격 안에서 구체적으로 생생히 계시되었나요?

이것은 우리가 성경읽기를 그리스도와의 관계나 그분을 향한 순종과 결합하는 방식에 어떤 영향을 미칠까요?

성경에 대한 정기적인 설교는 하나님 말씀에 대한 사람들의 신뢰를 강화시키며 그들이 그 말씀을 믿고 순종하는 일에 헌신하게 하는 방법이 될 수 있습니다. 여러분이 설교자라면, 이를 자신의 의식적인 목표로 삼고 있나요? 그리고 이 시편을 설교함으로써 그 일을 어떻게 도모할 수 있을까요?

2. 사랑과 순종의 초점인 하나님 말씀

119:14-16, 20, 24, 34-36, 44-48, 72, 92-97, 103, 111-112, 127-131, 163-167

목표: 하나님 말씀을 향한 우리의 정서적이고 순종적인 반응이 지닌 유익을 점검하기

주제에 집중하기

시편 기자는 하나님의 말씀을 기뻐하며 노래합니다. 그는 온갖 다채롭고 따스하며 정서적인 표현을 사용해 그 말씀을 높이며, 특히 하나님의 율법을 논할 때 자주 그리합니다. 구약이 율법주의나 외적인 규례에 대한 냉담한 순종에 대한 내용뿐이라고 여기는 사람들에게는 이 사실이 충격으로 느껴질 것입니다. 이 장에서 우리는 하나님의 율법이 어떻게 신자들에게 참된 기쁨과 즐거움을 주며 깊은 사랑과 애착의 대상이 되는지를 살펴보려 합니다.

읽기: 시편 119:14-16, 20, 24, 34-36, 44-48, 72, 92-97, 103, 111-112, 127-131, 163-167

핵심 구절: 시편 119:97

개요

1. **하나님의 율법은 기쁨과 즐거움을 준다**(14-16, 24, 35, 47, 70, 92, 142, 162, 174절)

2. **하나님의 율법은 사랑의 대상이다**(48, 54-55, 61-62, 93, 97, 109, 113, 131, 140, 163-167, 176절)

3. **하나님의 율법은 소중하다**(32, 45, 72, 103, 127절)

4. **하나님의 율법은 우리의 순종을 요구한다**(119:66)

    a. **전심으로**(2, 10, 30, 34, 36, 58, 112, 145절)

    b. **온전히, 지금과 또 영원히**(5, 20, 44절)

1. 하나님의 율법은 기쁨과 즐거움을 준다(14-16, 24, 35, 47, 70, 92, 142, 162, 174절)

우리는 사랑하는 이들과 행복한 시간을 보내거나 오래 갈망했던 무언가를 얻었을 때, 또는 자연의 아름다움을 만끽할 때 '기쁨', '즐거움', '즐거운', '기쁜' 등의 표현을 자주 씁니다. 그런데 시편 기자는 다소 놀랍게 여겨지는 다음의 맥락에서 이 단어들을 사용하고 있습니다.

내가 모든 재물을 즐거워함같이

주의 증거들의 도를 즐거워하였나이다. (14절)

사람이 많은 탈취물을 얻은 것처럼
내가 주의 말씀을 즐거워하나이다. (162절)

이런 구절들은 하나님의 율법을 향한 그의 태도가 어떠한지를 우리에게 생생히 보여 줍니다. 그는 율법에서 기쁨을 찾기만 한 것이 아니었습니다. 그는 율법에서 기쁨의 원천을 발견했습니다. 다음 구절들을 보십시오.

주의 율례들을 즐거워하며
주의 말씀을 잊지 아니하리이다. (16절)

주의 증거들은 나의 즐거움이요
나의 충고자니이다. (24절)

나로 하여금 주의 계명들의 길로 행하게 하소서.
내가 이를 즐거워함이니이다. (35절)

내가 사랑하는 주의 계명들을
스스로 즐거워하며. (47절)

여기서 우리는 그저 모든 일이 순조로이 잘 풀리기에 기분이 좋아서 그가 이렇게 고백한 것이 아님을 기억해야 합니다. 다음 구절들에서 드러나듯, 실제 상황은 그와 정반대였기 때문입니다.

그들의 마음은 무뎌 분별력을 잃었으나
나는 주님의 법을 즐거워합니다. (70절, 새번역)

주의 법이 나의 즐거움이 되지 아니하였더면
내가 내 고난 중에 멸망하였으리이다. (92절)

환난과 우환이 내게 미쳤으나
주의 계명은 나의 즐거움이니이다. (143절)

여호와여 내가 주의 구원을 사모하였사오며
주의 율법을 즐거워하나이다. (174절)

- 여러분에게 기쁨과 즐거움을 주는 것은 무엇인가요? 그 안에 하나님의 말씀과 그분의 명령도 포함되나요? 그렇다면, 그 기쁨과 즐거움을 실제적인 언어로 표현해 보십시오.
- '즐거움'에 관한 위의 구절들(70, 92, 143, 174절)을 둘러싼 앞뒤 구절들을 읽어 보

십시오. 당시 시편 기자가 처한 삶의 정황에 대해 어떤 점을 알 수 있나요? 이를 통해 그가 하나님의 율법을 즐거워했던 이유를 헤아려 볼 수 있을까요?

- 여러분의 삶에서 실제로 143절이 참된 진리로 다가온 적이 있나요?

2. 하나님의 율법은 사랑의 대상이다(48, 54-55, 61-62, 93, 97, 109, 113, 131, 140, 163-167, 176절)

우리는 '기쁨'이라는 표현을 자주 쓰지만, 어떤 사람이나 사물에 관해 '사랑한다'고 말할 때는 좀 더 신중한 태도를 취합니다. 하지만 하나님의 법을 찬미할 때 시편 기자는 아무런 망설임 없이 사랑의 표현을 사용합니다. 오히려 시편 기자는 그 사랑을 힘써 강조합니다.

내가 사랑하는 주의 계명들을 향하여
내 손을 들고. (48절)

내가 주의 법을 어찌 그리 사랑하는지요!
내가 그것을 종일 작은 소리로 읊조리나이다. (97절)

내가 두 마음 품는 자들을 미워하고

주의 법을 사랑하나이다. (113절)

내가 주의 계명들을 사모하므로
내가 입을 열고 헐떡였나이다. (131절)

여기 사용된 언어는 실로 풍부하고 감성적이며, 심지어 육체적인 갈망을 드러내기까지 합니다(131절). 여기 쓰인 히브리어 동사는 하나님과 이웃, 자신의 배우자를 향한 사랑을 지칭할 때 쓰이는 단어와 동일합니다.

누군가를 진심으로 사랑할 때, 우리는 그 사람을 결코 잊지 못합니다. 그에게서 멀리 떨어져 있거나 한밤중에 홀로 있을 때도 마찬가지입니다(54-55절). 몇 년 전 여름, 아내가 집안 결혼식에 참석하려고 두 주간 캐나다를 방문한 적이 있습니다. 당시 저는 업무상 이유로 동행하지 못했습니다. 이처럼 아내가 멀리 여행을 떠나고 제가 남아서 집을 지키는 일은 상당히 드문 경험이었습니다. 이때 과연 우리 부부가 서로를 잊어버렸을까요? 물론 그렇지 않았습니다. 매일 아침에 눈을 뜰 때와 밤에 잠들기 전, 저는 침대 맡에 놓인 아내의 베개에 손을 얹고 그녀를 위해 기도했습니다. (다만 62절의 내용처럼 한밤중에 일어나 아내에게 감사했다고는 하지 않겠습니다!) 그리고 이와 마찬가지로 시편 기자가 하나님의 율법을 잊지 않겠다고 거듭 고백한 것은 그가 그 법을 얼마나 사랑하는지를 명확히 보여 줍니다.

시편 기자는 악인들의 핍박(61절)이나 큰 위기(109절) 앞에서도 하나님의 말씀을 잊지 않겠다고 다짐합니다. 이는 이전에 그 말씀이 자신의 생명을 건져 주었기 때문입니다(93절). 그는 지금뿐 아니라 앞으로도 그 말씀이 자신의 갈 길을 보여 줄 것이라고 신뢰합니다(176절).

- 하나님의 말씀을 사랑할 때, 우리는 그 말씀에 관해 어떤 태도를 품게 될까요? 여러분은 131절에 담긴 시편 기자의 고백을 자신의 것으로 삼을 수 있나요?
- 165절에서는 우리가 하나님의 법을 사랑할 때 얻는 유익으로 특히 어떤 것을 언급하나요? 이런 시편 기자의 관점과, 하나님의 법을 짐과 족쇄로 여기는 관점 사이에는 어떤 차이점이 있을까요?
- 우리가 하나님의 말씀을 잊게 만드는 요인에는 어떤 것들이 있나요? 우리가 그 말씀을 실제로 잊어버릴 때, 어떤 일이 벌어지게 될까요?

3. 하나님의 율법은 소중하다(32, 45, 72, 103, 127절)

여러분이 떠올릴 수 있는 가장 귀한 것은 무엇인가요? 금이나 은인가요? 하나님의 법은 이것들보다 귀합니다. 시편 기자에게 그 법은 너무나 귀하고 소중했기에, 그 가치를 제대로 드러내기 위해서는 최상급 표현을 사용할 수밖에 없었습니다.

주의 입의 법이 내게는
천천 금은보다 좋으니이다. (72절)

내가 주의 계명들을
금 곧 순금보다 더 사랑하나이다. (127절)

여러분이 떠올릴 수 있는 가장 달콤한 음식은 무엇인가요? 꿀인가요? 하나님 말씀은 그보다 달고 감미롭습니다.

주의 말씀의 맛이 내게 어찌 그리 단지요,
내 입에 꿀보다 더 다니이다. (103절)

하나님에게 신실하게 순종하는 것보다 가치 있는 일이 없으며, 그분의 말씀대로 사는 것보다 만족스러운 삶이 없습니다. 하나님 말씀은 그저 지적인 동의와 신앙의 초점이 되는 데 그치지 않습니다. 말씀은 또한 우리의 기쁨과 사랑, 감사의 초점이기도 합니다.

그렇다면, 이 장 서두에서 언급한 구약의 소위 율법주의는 어디 있을까요? 그리고 율법의 속박은 어디에 있을까요? 심지어 그리스도인들조차 '무언가에 대한 순종은 부정적이며, 자유의 상실을 의미한다'는 문화적 편견의 영향을 받아 왔으니 실로 안타까운 비극입니다. 이 편견은 에덴동산에서 인류가 타락했을 때부터 지금까지 이어져 오고 있습니다. 이와 정반대로, 시편 기자는 하나님의 율법이 인간의 삶과 번영을 위해 주어진 것임을 기쁨으로 강조합니다. 우리가 하나님의 법에 순종하는 것이야말로 참된 자유를 향한 온전한 길이라는 것입니다. 시편 기자는 그러한 삶이 마치 넓은 들판을 힘차게 달리거나 상쾌한 오솔길을 자유롭게 걷는 것과 같다고 말합니다.

주께서 내 마음을 넓히시면
내가 주의 계명들의 길로 달려가리이다. (32절)

내가 주의 법도들을 구하였사오니
자유롭게 걸어갈 것이오며. (45절)

• 하나님의 법을 우리 삶의 으뜸으로 여겨야 한다는 시편 기자의 관점은 지금 우리의 일상을 지배하는 무의식적인 우선순위에 어떻게 도전하나요?

4. 하나님의 율법은 우리의 순종을 요구한다(2, 5, 10, 20, 30, 34-36, 44, 58, 112, 145절)

하나님의 말씀(특히 그분의 '법')은 우리의 지성을 향해 말씀하십니다. 이에 시편 기자는 그 말씀을 **믿었습니다**(66절, 이 책 1장을 보십시오). 또 그분의 말씀은 우리의 감정을 향해서도 말씀하십니다. 이에 시편 기자는 그 가르침을 **사랑하게** 되었습니다. 그런데 하나님의 말씀은 여기에만 머물지 않고, 우리의 의지에도 깊은 영향을 미칩니다. 그렇기에 우리는 그 말씀에 **순종하기로** 선택해야 합니다.

요한복음 14:15에 기록된 예수님의 말씀을 되새겨 봅시다. "너희가 나를 사랑하면 나의 계명을 지키리라." 그리고 시편 기자 역시 이와 유사한 가르침을 접해 보았을 것입니다. 신명기에서도 하나님을 향한 사랑과 그분의 법에 대한 순종을 거의 동일한 수준에서 권고하고 있기 때문입니다(신 6:4-9; 30:2, 6, 10). 그렇기에 이 시편 기자는 하나님의 율법을 지속적이고 고의적이며 기꺼이 실천하기로 결단합니다. 그는 율법이 자신의 '머리와 가슴과 손', 곧 자신의 생각과 마음과 삶을 형성하도록 허용하려 합니다.

a. 전심으로(2, 10, 30, 34, 36, 58, 112, 145절)

시편 기자는 "전심으로"라는 표현을 약 여덟 번에 걸쳐 사용하면서 하나님의 법에 순종하는 일에 대한 자신의 개인적 헌신을 강조합니다. 구약의 신명기에서도 이 개인적인 헌신을 모든 이스라엘 백성의 주된 책임으로 요약한 바 있으며, 이는 '쉐마'라 불리는 다음의 위대한 확증과 권면에 잘 드러납니다.

> 이스라엘아 들으라. 우리 하나님 여호와는 오직 유일한 여호와이시니 너는 마음을 다하고 뜻을 다하고 힘을 다하여 네 하나님 여호와를 사랑하라. (신 6:4-5)

여기서 우리는 이렇게 질문해 볼 수 있습니다. "하나님과 그분의 말씀을 향한 정서적인 반응인 사랑을 다룬 앞 단락에서 이 부분을 언급했어야 하는 것 아닐까? '마음을 다하여' 사랑하라는 것 역시 정서적인 언어 아닌가?" 이에 대한 답은 "꼭 그렇지만은 않다"입니다. 히브리어에서 '마음'은 인간의 감정보다는 의지의 자리를 의미했습니다. 감정은 신체의 아랫부분(예를 들어 창자 등)에 위치한 것으로 간주되는 경향이 있었습니다. 그곳에서 연민과 긍휼, 자비 등을 느낀다고 여겼지요. 이에 반해, 마음은 우리의 생각과 판단이 이루어지는 곳이었습니다. 이 마음이 우리의 의도와 계획을 지배한다고 본 것입니다. 달리 말해, 인간의 마음은 선악 간에 이루어지는 모든 실제적인 행동의 원천이었습니다. 이러한 이유에서 예수님은 다음과 같이 말씀하셨습니다. "속에서 곧 사람의 마음에서 나오는 것은 악한 생각 곧 음란과 도둑질과 살인과 간음과 탐욕과 악독과 속임과 음탕과 질투와 비방과 교만과 우매함이니"(막 7:21-22). 이 말씀은 곧 창세기 6:5에 기록된 인간 마음의 악함에 대한 하나님의 판단을 반영합니다. 그렇기에 우리 자신의 행실을 바꾸기 원한다면, 먼저 마음속 깊은 곳을 잘 살펴야 합니다.

시편 기자는 늘 하나님의 법으로 다스림받기를 원했기에, 온 마음으로 그 법을 좇고자 했습니다.

여호와의 증거들을 지키고
전심으로 여호와를 구하는 자는 복이 있도다. (2절)

내가 전심으로 주를 찾았사오니
주의 계명에서 떠나지 말게 하소서. (10절)

내가 성실한 길을 택하고
주의 규례들을 내 마음에 두었나이다. (30절)

나로 하여금 깨닫게 하여 주소서.

내가 주의 법을 준행하며 전심으로 지키리이다. (34절)

내 마음을 주의 증거들에게 향하게 하시고
탐욕으로 향하지 말게 하소서. (36절)

내가 전심으로 주께 간구하였사오니
주의 말씀대로 내게 은혜를 베푸소서. (58절)

내가 주의 율례들을 영원히 행하려고
내 마음을 기울였나이다. (112절)

여호와여, 내가 전심으로 부르짖었사오니 내게 응답하소서.
내가 주의 교훈들을 지키리이다. (145절)

• 위의 '마음'에 관한 구절들을 읽으면서 시편 기자가 전심으로 행하고 마음을 쏟겠다고 결단한 일들이 무엇인지 잘 살펴보십시오. 그의 결단을 여러분의 행동과 선택에 어떻게 적용할 수 있을까요?

b. 온전히, 지금과 또 영원히(5, 20, 44절)

얄팍한 순종은 예수님이 경고하고 탄식하신 일 중 하나였습니다. 시편 기자는 자신이 하나님과 그분의 말씀에 온전하고 지속적인 방식으로 헌신할 것을 굳게 다짐했습니다. 아울러 그는 '오늘'을 포함하지 않는다면 '영원'을 약속하는 것은 아무 의미가 없음을 잘 알고 있었습니다.

내 길을 굳게 정하사
주의 율례를 지키게 하소서. (5절)

주의 규례들을 항상 사모함으로
내 마음이 상하나이다. (20절)

내가 주의 율법을 항상 지키리이다.
영원히 지키리이다. (44절)

- 오늘날 세상에서 '선택'이라는 단어는 무엇을 의미할까요? "오늘은 차, 내일은 커피" 정도가 아닐까요? 우리의 선택은 취향이나 유행을 따라 쉽게 바뀔 수 있습니다. 그러나 30절에서 시편 기자가 "내가 성실한 길을 택하[겠다]"고 고백할 때, 그 말에는 과연 어떤 의미가 담겨 있었을까요?
- "항상"과 "영원히"라는 표현에 어울릴 만하게 어떤 일에 헌신해 본 적이 있나요?

더 깊이 나아가기

마태복음 13:31-52을 읽어 보십시오.

예수님은 우리 삶의 우선순위에 관해 뭐라고 말씀하셨나요? 인생 최고의 가치이자 우선순위이자 '상급'인 하나님 나라에 관해, 그리고 우리 인생에서 가장 중요한 것이 무엇인지에 관해 주님이 하신 말씀들을 묵상해 봅시다.

묵상과 토론을 위한 질문

여러분이 속한 기독교 단체(교회나 교단, 즐겨 찾는 모임이나 축제)의 문화와 특징을 생각해 보십시오. 그곳에서는 우리가 앞에서 다룬 세 가지 요소, 곧 지성을 위한 충실한 가르침, 감정을 위한 건강한 열심, 그리고 성경에 대한 순종을 위한 도덕적 지침이 적절히 균형을 이루나요? 그렇지 않다면, 그 원인은 어디에 있을까요? 그리고 그 문제를 바로잡기 위해 여러분이 할 수 있는 일은 무엇일까요?

여러분이 설교자라면, 성경 메시지를 전할 때 늘 이 균형을 목표로 삼고 있는지 자문해 보십시오. 여러분은 청중에게 지적인 양식을 제공하고 올바른 감정(언제나 행복감만을 뜻하는 것은 아니다!)을 심어 주며, 순종하도록 도전하는 일을 제대로 감당하고 있나요? 만약 그렇지 않다면, 여러분의 사역에는 어떤 변화와 계획이 필요할까요?

1부의 두 장을 살피는 동안, 여러분은 자신의 삶 속에서 하나님의 말씀에 어떤 식으로 헌신하고 있는지 점검하게 되었을 것입니다. 나는 이 내용이 포스트모던 문화의 영향을 깊이 받은 이들, 그중에서도 특히 서구권에 사는 이들에게 시사하는 바가 크다고 봅니다. 물론 포스트모더니즘으로의 변화 가운데 복음에 우호적이며 환영할 만한 요소들도 많습니다. 예를 들어, 포스트모더니즘에서 아래 요소를 강조하는 것은 환영할 만합니다.

- 삶의 이야기적 차원(우리는 모두 이야기를 사랑하고, 각자의 이야기 속에서 살아간다)
- 우리가 살아가는 각 지역의 문화적 맥락이 지니는 의미
- 모든 문화의 소중한 가치를 깨닫고 편견을 극복할 필요성
- 개인주의적인 생활 방식을 내려놓고 다른 이들과의 긴밀한 관계 속에서 살아가는 일
- 부당한 지배와 억압에 저항하는 일

그러나 포스트모던 문화에서 삶의 절대적인 토대와 궁극적인 진리, 타협 불가능한 객관적 실재, 그리고 보편 타당한 도덕 기준을 **일체** 부정할 때, 우리는 그 주장에 명확히 이의를 제기해야 합니다. 과연 늪이나 신기루 위에 우리 삶의 기초를 놓을 수 있을까요?

이 시편 119편에서 우리는 다음의 모습들을 지닌 한 사람과 동행하게 됩니다.

- 하나님의 말씀이 지닌 영원한 초월성과 도덕적 가치, 궁극적인 진리를 깊이 확신하는 사람
- 하나님의 말씀이 사랑하고 즐거워하며 최우선으로 여길 대상임을 깨닫고 벅찬 감격을 느끼는 사람
- 삶의 모든 영역에서 하나님 말씀에 순종하는 일에 전심으로 헌신하는 사람

우리가 철저하고 균형 잡힌 기독교 제자도와 순종을 실천하며 살아가기 위해서는 이 세 가지 요소가 조화를 이루어야 합니다.

우리가 하나님의 말씀에 대한 지적인 확신에만 초점을 둔다면, 우리의 신앙은 그저 메마르고 현학적으로 변할 것입니다. 교리적으로는 바른 입장을 유지할지 모르지만, 우리의 삶은 참

된 생명력과 온기를 잃고, 우리의 신앙은 실질적인 영향을 미치지 못할 것입니다.

우리가 하나님의 말씀에 대한 정서적인 헌신에만 초점을 맞춘다면, 우리의 신앙은 깊은 이해가 결여된 채 허황된 감정주의와 흥분에 그칠 위험이 있습니다. 이러할 때 우리는 위선적인 열정에 빠져, 참되고 실질적인 순종의 길로 나아가지 못하게 됩니다.

우리가 지성과 감정의 측면을 배제하고 하나님에게 순종하는 일에만 전념할 때, 어떤 지식이나 지혜도 없이 성급하고 열광적인 행위에 몰두하기 쉽습니다. 그 결과, 순전한 사랑과 즐거움을 상실한 채 환멸이나 율법주의의 덫에 갇히고 마는 것입니다.

균형 잡힌 그리스도인으로 살아가기 위해서는 우리의 지성과 감정, 의지 모두를 올바른 방향으로 가꾸어 가야 합니다. 그리고 우리 중 설교자로 부름받은 이들은 자신의 설교 안에, 그리고 그 설교가 회중에게 미치는 영향 안에 그 균형을 적절히 담아내려고 노력해야 합니다.

2부. 개인적인 인도와 빛 되신 말씀

시 119:97-105

요즈음 교회에서는 "믿는 사람들은 군병 같으니"(Onward Christian soldiers, marching as to war)라는 오래된 찬송가를 잘 부르지 않습니다.▸ "주의 빛 가운데 전진해"(We are marching in the light of God)라는 곡을 선호하는 사람들도 있습니다.▸▸ 이런 노래들을 들을 때, 우리는 완벽한 대형을 갖추고 앞으로 전진하는 큰 군대를 떠올리게 됩니다(다만 실제 군대가 그렇게 행군하는 모습은 기념일 퍼레이드에서나 볼 수 있습니다).

그런데 성경에는 우리가 이렇게 전진한다고 말씀하는 경우가 거의 없습니다. 오히려 **하나님이** 친히 이 세상을 향해 전진해 오신다고 선포합니다! 성경에서 우리의 삶은 하나의 길을 따라 걷는 일로 묘사될 때가 더 많습니다. 우리 중 일부에게는 이 비유조차 들어맞지 않을 수 있습니다. 우리 삶은 위기와 위기 사이를 불안정하게 비틀거리거나 막다른 골목과 무모한 선택의 미로 속에서 방황하는 일처럼 느껴지기 때문입니다.

사람은 누구나 분명한 인도를 갈망합니다. 그렇지 않다면 점성술이 왜 그리 인기를 끌겠습니까? 우리 그리스도인들은 '하나님이 내게 원하시는 일'이 무엇인지 알고 싶어 합니다. 때로는 그분이 우리에게 뚜렷이 말씀해 주시기를 바랍니다. 그리고

▸ 1865년에 Sabine Baring-Gould가 작사하고 Arthur Sullivan의 곡에 맞춰 부른 행진용 찬송가.

▸▸ 남아프리카 공화국의 찬송가 "시야함바"(Siyahamba)에서 온 곡으로, 인종 차별 정책 시기에 항의와 시위를 위한 노래로 자주 쓰였다.

때로는 하나님이 그 뜻을 명확히 보여 주셨다고 믿지만, 주위 상황이 우리의 기대와는 전혀 다른 방향으로 흘러가기도 합니다. 우리는 지혜롭고 분별력 있게 선택하기를 바랍니다. 그리고 하나님의 뜻을 행하며, 우리 삶을 향한 그분의 계획을 따르기를 진심으로 원합니다.

시편 기자 역시 그러했습니다. 그는 죄를 짓거나 참담한 실수를 범하지 않기를 바랐습니다. 그리고 자신의 치열한 씨름 가운데서 하나님의 보호와 도우심을 갈망했습니다. 그는 모든 면에서 바람직한 삶을 살기를 바랐습니다. 그는 일상의 모든 일 가운데 (지성적인 면에서) **지혜롭고**, (영적인 면에서) **경건하며**, (실천적인 면에서) **도덕적인** 사람이 되기를 원했습니다. 그리하여 시편 기자는 하나님에게 다음 두 가지를 거듭 구합니다.

길을 밝히는 빛. 즉, 선택할 때의 인도.

제자들을 위한 교훈. 즉, 사고할 때의 지혜.

2부에 속한 다음 두 장에서 이 주제들을 다룰 것입니다.

3. 길을 밝히는 빛

119:1-9, 101-105

목표: 성경이 말하는 '우리를 향한 하나님의 인도'의 의미를 다시 생각해 보기

주제에 집중하기

성경에서는 우리 인생을 하나의 여정에 자주 비유합니다. 그리고 그 비유는 세속적인 맥락에서도 자주 사용됩니다. 주위의 누군가가 자신의 직업적인 행보(career path)를 술회하거나, 어떤 이의 행실과 선택을 지칭하는 표현으로 삶의 길(way of life)을 언급하는 것을 들어 보았을 것입니다. 그리고 때로는 누군가가 정상 궤도를 벗어났다(gone off the rails)고 말하는 것도 들어 보았을 것입니다.

그런데 인생이 이처럼 하나의 여정이라면, 지도는 어디에 있을까요? 여정의 갈림길에 설 때마다 어떤 선택과 결정을 내려야 할지 어떻게 알 수 있을까요? 여러분이 작년에 내린 모든 선택과 결정에 대해 생각해 보십시오. 이사를 하거나 대학에 지원하거나 새 차를 구입하거나 단기 선교에 참여했나요? 당시 여러분은 이런 결정들을 어떻게 내렸으며, 그 일들을 계획하는

과정에서 하나님은 어떤 역할을 감당하셨나요?

읽기: 시편 119:1-9, 101-105

핵심 구절: 시편 119:1

개요

1. **주님의 길로 행하기**(1, 29-30, 32, 59절)
2. **하나님 말씀으로 우리의 길을 살피기**(9, 105절)
    a. **인도와 성경**
    b. **인도 혹은 청사진**(101, 104, 128절)

요즘 그리스도인들은 흔히 이렇게 시작하는 찬송을 자주 부릅니다.

말씀의 빛 안에서
주님과 함께 걸을 때
그분이 우리의 길에 영광의 빛을 비추신다네!▸

이 찬송가 가사를 접할 때, 우리는 시편 119편 첫 구절을 떠올리게 됩니다.

▸ 이것은 존 H. 새미스가 쓴 찬송시 "신뢰하고 순종하라"(Trust and Obey)의 1절 가사이다. (한국어로는 "예수 따라가며"라는 제목으로 번역됨 – 편집자)

행위가 온전하여 여호와의 율법을 따라
행하는 자들은 복이 있음이여. (1절)

1. 주님의 길로 행하기(1, 29-30, 32, 59절)

시편 기자는 인생을 하나의 여정으로 보았으며, 종종 자신의 길을 하나님에게 의탁하고 그분의 인도하심을 구했습니다. "길"과 "발길" 등의 단어가 계속 언급되는 다음의 구절들에서 우리는 그가 어떤 생각을 했고 어떻게 살기 원했는지를 알 수 있습니다.

거짓 행위를 내게서 떠나게 하시고
주의 법을 내게 은혜로이 베푸소서. (29절)

내가 성실한 길을 택하고
주의 규례들을 내 앞에 두었나이다. (30절)

주께서 내 마음을 넓히시면
내가 주의 계명들의 길로 달려가리이다. (32절)

내가 내 행위를 생각하고

주의 증거들을 향하여 내 발길을 돌이켰사오며. (59절)

시편 기자는 "거짓 행위"를 거부하고, "주의 계명들의 길"로 행하고자 했습니다. 여기서 그는 창세기까지 거슬러 올라가는 하나의 비유를 사용하고 있습니다. 이는 하나님이 아브라함에게 소돔의 행실을 좇지 말고 그들과는 전혀 다른 길로 행하라고 일깨우실 때 쓰신 비유입니다.

내가 그로 그 자식과 권속에게 명하여 여호와의 도를 지켜 의와 공도를 행하게 하려고 그를 택하였나니 이는 나 여호와가 아브라함에게 대하여 말한 일을 이루려 함이니라. (창 18:19)

이 말씀에 따르면, "여호와의 도"(the way of the Lord)를 지키는 일 안에 "의와 공도"를 행하는 일이 포함됩니다. 이 "의"와 "공도"(구약의 윤리적 어휘 가운데 가장 중요한 두 단어)는 아브라함의 후손인 이스라엘 백성의 주된 특징이 되어야 했습니다. 하나님이 그들의 삶을 통해 열방에 복을 베푸실 수 있도록 그분의 길로 행하는 것이 그 백성의 임무였던 것입니다.

그로부터 여러 세기 후에 모세는 이와 동일한 비유를 사용해 하나님이 자기 백성 이스라엘에게 요구하시는 일이 무엇인지를 상기시켰습니다.

이스라엘아 네 하나님 여호와께서 네게 요구하시는 것이 무엇이냐 곧 네 하나님 여호와를 **경외하여** 그의 모든 도를 **행하고** 그를 **사랑하며** 마음을 다하고 뜻을 다하여 네 하나님 여호와를 **섬기고** 내가 오늘 네 행복을 위하여 네게 명하는 여호와의 명령과 규례를 **지킬** 것이 아니냐. (신 10:12-13, 저자 강조)

이 구절은 다섯 개의 서로 다른 음이 어우러져 만드는 아름다운 화음과 같습니다. 하나님이 우리에게 요구하시는 것은 무엇일까요? 그것은 곧 우리가 그분을 **경외하고** 그분의 길로 **행하며** 그분을 **사랑하고 섬기며 순종하는 것**입니다. 달리 말해, 하나님은 자기 백성이 그저 신명기에 기록된 온갖 율법의 세부 사항을 준수하기만을 바라셨던 것이 아닙니다. 무엇보다 하나님은 자기 백성이 자신에게 전심으로 헌신하기를 기대하셨습니다.

그런데 주님의 길로 행하는 것은 구체적으로 무엇을 의미할까요? 우리가 따르고 좇아야 할 그분의 길은 무엇일까요? 다음 구절에서 그 답을 찾을 수 있습니다.

너희의 하나님 여호와는 신 가운데 신이시며 주 가운데 주시요 크고 능하시며 두려우신 하나님이시라. 사람을 외모로 보지 아니하시며 뇌물을 받지 아니하시고 고아와 과부를 위하여 정의를 행하시며 나그네를 사랑하여 그에게 떡과 옷을 주시나니 너희는 나그네를 사랑하라. 전에 너희도 애굽 땅에서 나그네 되었음이니라. (신 10:17-19)

하나님은 순전하고 긍휼이 많고 공의로우시며 사회에서 배척당한 이들을 실제로 돌보십니다. 그러므로 하나님의 길을 행하는 것은 그분의 이러한 성품들을 본받는 것을 의미합니다.

이 땅에서 마음을 다해 하나님의 길로 걷는 이들은 풍성한 복에 대한 그분의 약속을 계속 누릴 수 있습니다. 이것은 지금 119편의 첫 구절뿐 아니라 시편 전체를 여는 첫 시편에서도 제시되는 주제입니다.

복 있는 사람은
악인들의 꾀를 따르지 아니하며 …
무릇 의인들의 길은 여호와께서 인정하시나
악인들의 길은 망하리로다. (시 1:1, 6)

• 이 시편의 나머지 부분을 빠르게 훑어보면서, '행하기', '달리기', '발', '걸음', '길', '발길' 등이 언급되는 구절들을 찾아보십시오. 그 구절들은 시편 기자가 따르려 했던

삶의 길에 관해 무엇을 알려 주나요? 그리고 여러분도 그 삶의 길을 좇기 원하나요?

2. 하나님 말씀으로 우리의 길을 살피기(9, 105절)

하나님이 의인의 길을 살피시는 것은 그분에게 지극히 합당한 일입니다(시 1:6). 그런데 우리 역시 자신의 길을 살피고 분별해야 하지 않을까요? 만약 그렇다면, 우리는 그 일을 어떻게 감당할 수 있을까요? 세상에 온갖 매혹적인 대안과 샛길이 있을 때, 우리는 어떻게 주님의 길로 계속 걸어갈 수 있을까요? 시편 기자는 바로 이런 질문들을 던졌으며, 이에 관해 이렇게 답했습니다.

> 어떻게 하면 청년이 순전한 길에 머무를 수 있겠습니까?
> 주의 말씀으로 자신의 길을 살필 따름이니이다. (9절, 저자 사역)

하나님 말씀은 우리가 어떤 길을 택해야 할지를 아는 데 필요한 빛을 제공합니다. 그리하여 우리는 그 말씀에 힘입어 자신의 발걸음을 살핍니다. 말씀은 길을 비추는 빛입니다. 그렇기에 시편 기자는 많은 사람이 애송하는 다음 구절에서 이렇게 고백합니다. "주의 말씀은 내 발에 등이요 내 길에 빛이니이다"(105절).

- 집, 학교, 직장 혹은 다른 어디서든 여러분이 살아가는 평범한 한 주를 생각해 보십시오. 그곳에서 여러분은 어떻게 하나님 말씀의 빛 아래서 "자신의 길을 살필" 수 있겠습니까? 이런 관점은 여러분이 행하는 일에 어떤 영향을 미칠까요?

a. 인도와 성경

시중에 나온 수많은 책이 온갖 주제에 대한 지침을 우리 앞에 제시합니다. 그 주제는 성공적인 그리스도인으로 사는 법부터 예수님이 선호하실 식단 짜는 법("예수님이라면 무엇을 드실까?"), 반려견에 대한 성경적인 훈련법에 이르기까지 무척 다양합니다. (이는 전혀 농담이 아닙니다! 저는 이 책들을 직접 보았습니다.) 이처럼 사람들은 우리의 불안 심리를 이용해 손쉽게 돈을 벌어들이려고 합니다.

하지만 (이런저런 면에서 영적 성취를 이루기 위한 열 가지 단계가 담긴) …**하는 법**에 관한 책들을 서둘러 구입하기 전에, 여러분 곁에 이미 위대한 길 안내자가 계신다는 것을 기억하십시오. 그것은 곧 성경 자체입니다.

이는 성경이 점성술처럼 마법 같은 인도하심의 원천이 된다는 말이 아닙니다. 아마 여러분은 다음의 예화를 듣고 웃어 본 적이 있을 것입니다. 어떤 사람이 자신을 향한 하나님의 메시지를 직접 듣고 싶은 마음에 무작위로 성경의 한 페이지를 펼쳐 어떤 구절 위에 손가락을 가져다 댔습니다. 처음에 그의 손가락이 닿은 곳은 바로 이 구절이었습니다. "유다가 … 스스로 목매어 죽은지라"(마 27:5). 그리고 두 번째로 찾은 구절은 다음과 같았습니다! "가서 너도 이와 같이 하라"(눅 10:37). 그런데 지금도 많은 그리스도인이 하나님의 인도를 구할 때 이와 유사한 접근법을 택하는 듯합니다. 한 예로, 제가 재직했던 올네이션스 크리스천 칼리지에는 하나님이 자신을 라틴 아메리카 선교사로 부르셨다고 확신하는 한 여학생이 있었습니다. 그 이유인즉, 어느 날 그녀가 하나님의 인도를 구하는 기도를 드리고서 한 상점에 갔을 때 맨 먼저 브라질 견과류가 담긴 큰 봉지를 보았기 때문이라는 것입니다. 당시 그 말을 들은 한 동료는 그 여학생이 맨 먼저 마즈(Mars: 화성을 뜻한다—옮긴이) 초코바를 보았다면 어떻게 되었을지 궁금해했습니다!

성경은 점성술이나 수정 구슬이 아닙니다. 성경책을 그저 집에 보관하거나 집어들어 펼치는 것만으로 우리의 길이 열리기를 바라서는 안 됩니다. 다만 본래의 방식대로 올바로 사용할 때, 성경은 우리의 삶을 인도합니다. 곧 성경은 그 말씀을 자기 마음과 입술에 두고 순종하기로 헌신한 이들에게 지침을 제공합니다. 이는 모세가 선포한 바와 같습니다. "오직 그 말씀이 네게 매우 가까워서 네 입에 있으며 네 마음에 있은즉 네가 이를 행할 수 있느니라"(신 30:14).

하지만 성경을 사랑하고 순종하기 원하는 이들조차 실제로 그 인도를 받는 일에 관해서는 그리 지혜롭지 못할 수 있습니다. 우리 가족의 경험을 예로 들어 보겠습니다. 예전에 우리가 영국을 떠나 인도로 이주하게 된 적이 있었습니다. 당시 우리는 낯선 땅으로 거처를 옮기는 삶의 거대한 전환점을 앞두고 자연히 깊은 불안감을 느꼈습니다. 출국 직전에 어떤 기도 모임에 참석했는데, 그 자리에서 한 형제가 아내에게 '하나님이 주신' 메시지를 들려주었습니다. 그것은 곧 하나님이 애굽으로 내려가기를 두려워하는 야곱에게 주신 말씀이었습니다(당시 우리의 정황에서 '애굽'은 물론 인도를 의미했습니다). "애굽으로 내려가기를 두려워하지 말라. … 내가 너와 함께 애굽으로 내려가겠고 반드시 너를 인도하여 다시 올라올 것이며"(창 46:3-4). 그 형제는 이 말씀에 근거해 하나님이 우리와 동행하시고 다시 이곳으로 돌아오게 하실 것임을 아내에게 확신시켜 주었습니다. 이는 물론 선한 의도에서 나온 권면이었습니다. 하지만 나는 그날 저녁이 되길 기다렸다가, 하나님이 실제로 그 약속을 지키신 방식은 야곱이 관에 실린 채 고향으로 돌아오게 하는 것이었음을 아내에게 알려 주었습니다. 그러자 아내는 상당히 실망하는 듯했습니다!

따라서 우리에게는 하나님의 인도와 섭리에 대한 불안을 가라앉힐 더 나은 방법이 필요한 듯합니다. 우리는 성경을 폭넓게 연구하고 성경을 건전하게 해석하고 적용하는 원리들을 파악해야 합니다. 곧 성경 전체의 가르침을 깊이 살피고 묵상해 그것이 우리 삶의 일부가 되게 해야 합니다. 성경은 연구 대상을 넘어, 사유의 주제가 되어야 합니다. 즉 성경에 **관해** 연구하고 살필 뿐 아니라 성경과 **함께** 모든 일을 생각해야 하는 것입니다. 바울은 이 점을 이렇게 표현했습니다. "그리스도의 말씀이 너희 속에 풍성히 거하[게 하라]"(골 3:16).

그러면 성경은 어떤 식으로 우리가 하나님의 인도를 분별하며 그분의 길로 행하도록 도움을 줄까요? 이에 관해 저는 다음의 몇 가지 방식을 생각해 보았습니다. 아마 여러분도 다른 방식들을 떠올려 볼 수 있을 것입니다.

- **성경은 우리가 하나님의 마음과 가치관에 다가가게 한다.** 우리가 하는 모든 결정에는 하나님의 선호도가 반영되어야 합니다. 설령 하나님이 그 선택에 관해 구체적인 지침을 주시지 않은 경우에도 그러합니다. 우리가 누군가와 함께 시간을 보낼 때, 우리는 그의 생각과 감정, 또 그가 좋아하는 것과 싫어하는 것을 점점 많이 알게 됩니다. 성경에서 하나님은 그분 자신을 우리에게 온전히 드러내 주셨습니다. 성경을 통해 하나님은 자신의 마음과 생각, 우선순위와 계획, 도덕적인 가치관을 우리와 함께 나누십니다. 그러니 성경읽기에 시간을 쏟으십시오. 성경을 오래 읽

을수록, 우리의 사유와 의사 결정 방식이 그분의 마음과 생각을 더욱 닮아 가게 될 것입니다.

- **성경에 대한 지속적인 노출이 우리의 가치관을 예리하게 만든다.** 이는 성경의 강력한 이야기와 모범, 수많은 예시와 직접적인 가르침을 통해 이루어집니다. 이를 통해 성경은 우리가 매일 내리는 도덕적 선택에 선한 영향력을 끼칩니다. 한번 생각해 봅시다. 우리는 대부분 '좋은' 운전자나 교사, 부모가 어떠해야 하는지에 대한 머릿속 그림을 가지고 있습니다. 이러한 그림은 무수한 이야기와 사례, 그리고 개인적인 경험을 바탕으로 형성됩니다. 비록 (우리 자신을 포함해) 우리가 알고 있는 실제 인물이 그 이상에 미치지 못하더라도 우리는 이를 바탕으로 그러한 사람들의 이상적인 모델을 구축합니다. 이와 마찬가지로, 성경에는 많은 이야기가 담겨 있습니다. 긍정적인 이야기와 부정적인 이야기, 영감을 주는 이야기와 불쾌감을 주는 이야기가 모두 포함됩니다. 그리고 하나님은 이 모든 이야기를 사용하셔서 다양한 삶의 정황과 관계 속에서 무엇이 선하고 옳은지에 대한 우리의 본능적인 이해를 빚어 가십니다.
- **성경은 죄에 대한 우리의 감각을 예리하게 만든다.** 성경의 여러 교훈과 이야기는 죄가 결국 우리 삶에 미치게 될 파괴적인 영향력을 분명히 경고합니다. 그렇기에 우리는 우리 앞에 놓인 다양한 행동의 경로들이 낳게 될 결과들을 더욱 민감히 의식하게 됩니다. (고전

10:1-13에서 바울은 이러한 성경의 기능을 강조합니다.)

- **성경은 우리 마음속에 성령님의 사역을 위한 좋은 토양을 제공한다.** 이는 우리 마음이 이미 성경에 푹 젖어 있을 때, 성령님의 인도에 더욱 온전히 반응할 수 있기 때문입니다.

과거에 여러분이 어떤 결정을 내리거나 행동을 할 때 성경이 어떻게 인도했는지 구체적인 예를 들어 보십시오.

b. 인도 혹은 청사진(101, 104, 128절)

시편 기자는 다소 젊은 나이에 공적인 지도자의 위치에 올랐던 듯합니다. 그러한 책임으로 인해 숱한 유혹에 맞서고 많은 선택을 내려야 했을 것입니다. 그러나 흥미롭게도, 하나님의 인도에 관해 묵상할 때 그는 그 일의 적극적인 측면(단 하나의 올바른 길 찾기)보다 소극적인 측면(그릇된 길들 피하기)에 좀 더 초점을 맞춥니다.

몇 가지 예를 살펴봅시다.

내가 주의 말씀을 지키려고 발을 금하여
모든 악한 길로 가지 아니하였사오며. (101절)

주의 법도들로 말미암아 내가 명철하게 되었으므로
모든 거짓 행위를 미워하나이다. (104절)

그러므로 내가 범사에 모든 주의 법도들을 바르게 여기고
모든 거짓 행위를 미워하나이다. (128절)

이처럼 시편 기자는 하나님 말씀에 신실하게 순종하는 신자로 살아가면서 선한 길로 걸으려고 노력했습니다. 그런데 여기서 그는 자신의 모든 선택에 관한 구체적인 청사진을 하나님에게 요청하지 않습니다. 그는 이렇게 기도하지 않았습니다. "하나님, 내가 날마다 해야 할 일이 무엇인지 하나하나 보여 주십시오." 그는 계속 주님의 길을 걷고 있지만, 여전히 "내 발", "내 걸음", "내 길"이라고 말합니다. 곧 여전히 자신이 선택하고 결정을 내리면서 하나님에게 소극적인 의미의 인도를 구한 것입니다. 그는 '여기서 좌회전하라'는 식의 구체적인 지시보다는, 일종의 적신호 또는 '진입 금지' 표지판을 찾고 있었습니다.

우리는 여기서 하나님의 인도하심에 관한 자신의 신학을 주의 깊게 돌아볼 필요가 있습니다. 지금 기독교계에서 흔히 제시되는 많은 개념이 성경 자체의 명확한 가르침에 근거했다고 볼 수 없기 때문입니다. 우리는 종종 이런 메시지를 접하곤 합니다. "하나님은 당신의 삶에 대한 놀라운 계획을 갖고 계십니

다.” 그러나 성경을 잘 아는 이들은 때로 이 말에 의문을 제기할 것입니다. 성경에서 하나님이 누군가의 삶에 찾아오셨을 때, 그들의 삶이 전복되거나 거의 파산할 지경에 이르렀던 많은 사례를 확인할 수 있기 때문입니다. 나아가 어떤 사람들은 이렇게 선포하기도 합니다. “하나님은 우리 인생의 아주 세세한 부분까지 전부 계획해 두셨습니다. 우리가 할 일은 그저 우리 삶을 향한 그분의 계획을 알아내는 것뿐입니다.” 물론 우리는 하나님에게 수많은 질문을 던질 수 있습니다. 하지만 우리 삶의 세세한 부분에 대해 우리가 바라는 직접적인 답을 항상 얻을 수 있는 것은 아닙니다. 더욱이 이런 식의 가르침을 따를 때, 우리는 혹시나 그릇된 결정을 내릴 경우 하나님의 뜻에서 벗어나거나 기껏해야 우리 삶을 향한 하나님의 차선책인 ‘플랜 B’ 아래 살아야 한다는 두려움에 매이게 됩니다. 그렇기에 나는 이런 사고방식이 과연 하나님의 주권적 목적이나 자신의 백성인 우리를 인도하겠다는 그분의 약속에 대한 성경의 가르침에 부합하는지 확신할 수 없습니다.

그런데 그 반대쪽 극단에는 다음의 관점이 있습니다. “모든 일은 오직 여러분 자신에게 달려 있습니다. 여러분이 어떤 삶을 살아가게 될지에 관해서는 하나님도 아시는 바가 없습니다. 하지만 여러분이 바람직한 결정을 내린다면, 그분이 곁에 오셔서 계속 도와주실 것입니다. 하나님은 여러분이 어떤 길을 택할지, 결국 어디에 이르게 될지를 여러분만큼이나 무척 궁금해하십니다." 내게는 이것 역시 하나님의 뜻과 우리의 자유의지 사이의 관계에 대한 적절한 설명으로 보이지 않습니다.

위에서 언급한 두 가지 관점 모두, 미래의 개방성이나 하나님과 인간 사이의 인격적 관계와 소통에 관한 성경의 가르침을 일정 부분 왜곡하고 있습니다. 첫 번째 관점은 하나님이 온 우주의 주권자로서 우리의 삶에 대한 계획을 갖고 계심을 강조하지만, 우리로 하여금 그 계획의 세부 사항을 알아내기 위해 더듬거리며 계속 어둠 속을 헤매게(그러다가 자주 실패하게) 만듭니다. 그리고 두 번째 관점은 하나님이 만유의 주권자이심을 인정하면서도, 그분에게는 우리 삶을 위한 계획이 전혀 없다고 주장합니다. 이로 인해 우리는 인생의 망망한 바다 위에서 어떤 방향타나 나침반도 없이 길을 잃은 채로 남겨집니다. 그러면 우리는 이 일에 관해 과연 어떤 태도를 취해야 할까요?

성경은 이에 관해 다음의 진리들을 가르칩니다.

- 하나님은 이 우주의 모든 일과 온 인류의 역사를 주권적으로 다스리신다.
- 하나님은 지금도 자신의 뜻과 목적을 이루고 계시며, 마침내 최종적으로 완성하실 것이다.
- 하나님은 자기 백성을 돌보고 인도하실 것을 약속하셨다.

- 하나님은 지금 자기 백성을 돌보며 인도하고 계신다.

그러나 성경에는 각 사람의 삶에 대해 절대적으로 고정된 하나의 청사진이 있다는 개념에 대한 증거가 거의 없습니다. 특히 우리의 삶이 미리 정해진 각본대로 움직인다는 운명론적인 견해로 이어진다면 더욱 그렇습니다.

나아가 하나님이 우리 삶에 대해 하나의 완벽한 계획 또는 청사진을 품고 계시기에, 우리가 그릇된 결정을 내리는 순간 그 길에서 벗어나 결국 플랜 B에 머무는 데 그친다는 관점을 지지하는 증거가 성경에는 없습니다. 나는 오엠 국제 선교회(Operation Mobilization)의 설립자인 조지 버워(George Verwer)가 이에 관해 한 말이 기억납니다. "만약 그 생각이 옳다면, 영어 알파벳이 스물여섯 글자라 참 다행입니다. 지금쯤 저는 플랜 X나 Y 쯤에 와 있는 게 분명하니까요." 하지만 그 관점이 정말 옳을까요? 우리가 알다시피 다윗은 하나님이 다윗 자신의 말과 행실을 미리 아신다고 고백한 후 이렇게 노래했습니다. "나를 위하여 정한 날이 … 주의 책에 다 기록이 되었나이다"(시 139:3-4, 16). 하지만 이 구절에서 다윗이 하려는 말은 그가 날마다 따라야 할 하나님의 상세한 청사진이 있다는 게 아니라, 하나님이 자신을 친밀하게 아시며 자신의 생애가 언제까지 이어질지도 헤아리고 계신다는 것이었습니다. 여기서 만약 자신이 일종의 청사진을 따르는 중이라고 여겼다면, 다윗은 그 문제를 상당히 기이한 방식으로 이해했던 것이 분명합니다.

하나님의 인도하심을 일종의 청사진으로 여기는 이 관점은 두 가지 문제를 일으킵니다.

첫째, 이 관점은 목회적인 측면에서 큰 피해와 고통의 근원이 될 수 있습니다. 저는 다음과 같이 자신의 슬픈 인생사를 들려주는 이들을 종종 만납니다. "스물네 살에 나는 하나님에게 불순종하고 내 인생을 향한 그분의 계획을 그르쳤습니다. 그 후로는 줄곧 차선의 길에 머무르게 되었지요." 물론 사람들이 길을 잃고 자신의 인생을 엉망으로 만들 때가 있다는 것은 분명한 사실입니다. 하지만 성경의 하나님은 늘 그런 사람들을 새로이 그분과의 교제 가운데로 인도하기를 원하십니다. 하나님은 그들을 다시금 사명을 다하고 섬기고 열매 맺는 삶으로 돌이키기를 원하십니다. 엘리야와 베드로의 경우를 생각해 보십시오. 하나님은 메뚜기가 먹어 버린 햇수를 되찾아 주십니다(참조. 욜 2:25—옮긴이). 하나님은 우리의 실수와 어리석음까지도 그분의 주권적인 계획 속에 한데 엮으시며, "하나님을 사랑하는 자 곧 그의 뜻대로 부르심을 입은 자들에게는 모든 것이 합력하여 선을 이루[게]" 하십니다(롬 8:28). 그러나 이 청사진 관점은 자기 삶을 향한 하나님의 미래 계획에서 중요한 부분을 놓칠까 두려워하는 이들, 그리고 과거의 어느 지점에서 이미 그 흐름을 놓친 것은 아닌지 염려하는 이들의 마음속에 불필요한 불안감을 심습니다.

둘째, 이 청사진 관점은 하나님을 천상의 조종자로, 우리 인류를 기계적으로 통제되는 꼭두각시 정도로 격하시킵니다. 달리 말해, 하나님의 주권에서 그분의 '인격성'을 배제하는 동시에 우리의 의사 결정에서도 '인격성'을 배제하는 것입니다. 이는 심각한 오해입니다. 하나님은 '천상의 일정 주관자'(heavenly day-planner)가 아니라 인격적인 하늘 아버지로서 우리와 관계를 맺으십니다. 그리고 자신의 자녀들이 지혜와 순전한 마음을 품고 스스로 선택하며 결정할 수 있는 성숙함을 갖게 하는 것은 올바른 양육 과정의 일부입니다. 하나님은 우리에게 지성을 주셔서 생각하게 하셨고, 양심을 주셔서 도덕적으로 분별하게 하셨으며, 의지를 주셔서 계획을 실천하게 하셨습니다. 그리고 하나님은 우리가 늘 기도로 대화하면서, '주님을 경외하는' 마음으로, 하나님의 알려진 성품과 전반적인 뜻에 일치하는 것을 행하겠다는 결심으로 그 기능들을 적절히 사용하기를 바라십니다.

다시 시편 119편으로 돌아와, 하나님의 말씀은 분명히 우리의 앞길을 밝혀 주는 등불과 같습니다. 하지만 우리가 내려야 할 모든 선택과 결정을 그 불빛이 미리 다 정해 주는 것은 아닙니다. 따라서 우리에게는 그저 우리가 어디로 가고 있는지를 확인하고 그릇되거나 위험한 길을 피하도록 돕는 등불만 필요한 게 아닙니다. 우리에게는 분별력이 필요합니다. 하나님을 기쁘시게 하고 자신과 다른 사람들의 유익을 위해 지혜롭고 선한 결정을 내릴 수 있도록 끊임없이 성숙하는 통찰력과 이해가 필요합니다. 그렇기에 시편 기자는 이 분별력을 위해서도 기도하고 있으며, 이에 관해서는 다음 장에서 살펴보려 합니다.

- 오늘날 우리는 어떤 그릇된 길을 미워하고 그로부터 "우리의 발을 금해야" 할까요? 지금 여러분은 어떤 길에서 벗어나야 하나요?
- 여러분의 지인 가운데 중요한 결정을 내려야 할 상황에 있는 이들을 생각해 보십시오. 그들의 가족, 직장, 또는 집 등과 관련된 결정일 수 있습니다. 지금 그들의 심정이 어떨지 헤아려 보고, 특별한 기도제목이 있다면 여러분이 속한 모임에서 공유하기 바랍니다. 그런 다음에는 그들을 위해 함께 기도하십시오.

더 깊이 나아가기

시편 32편을 읽어 보십시오.

32:8-9에서 하나님은 무엇에 대해 약속하시나요? 하나님의

인도를 받기 위한 첫 번째 조건은 무엇이며(32:1-7), 8-9절에서 언급되는 두 번째 조건은 무엇인가요?

말이나 노새와 우리 인류 사이의 차이점은 동물들에겐 "분별"이 없다는 데 있습니다(32:9, 새번역). 그렇다면 이 사실은 하나님이 우리를 인도하시는 방식에 관해 무엇을 말해 주나요? 나아가 이 구절에 따르면, 우리는 하나님이 어떤 식으로 우리 삶을 인도해 주시기를 기대하지 말아야 하나요?

묵상과 토론을 위한 질문

지난 한 해를 돌아보십시오. 과거에 어떤 일을 결정하거나 실행할 때 성경이 어떻게 효과적인 안내자가 되어 주었는지에 관해 구체적인 경험담을 들려줄 수 있나요?

여러분이 이 시편을 설교할 때, 사람들에게 하나님의 인도를 구하도록 격려하는 동시에 말을 왼쪽이나 오른쪽으로 몰리거나 멈추게 할 때 사용하는 것 같은 '기계적인' 방식으로 하나님의 인도를 오해하지 않도록 적절히 경고할 수 있을지 한번 생각해 보십시오.

4. 제자들을 위한 교훈

119:26-27, 33-34, 97-104

목표: 하나님의 말씀이 우리 생각을 형성하게 하려는 우리의 의지를 평가하기

주제에 집중하기

지난 장에서 시편 기자는 하나님 말씀을 어두운 밤에 길을 걸을 때 의지하는 하나의 등불로 여겼습니다. 이제 이 장에서는 또 다른 비유를 다루려 합니다. 즉, 하나님이 우리의 스승이시며 성경은 우리의 교과서라는 비유입니다.

읽기: 시편 119:26-27, 33-34, 97-104

핵심 구절: 시편 119:33

개요

1. **스승이신 하나님**(98-100, 102절)

2. **"나를 가르치소서"**(12, 26, 33, 64, 68, 124, 135, 171절)

    a. **가르침과 찬양**(12, 171절)

    b. **가르침과 실제적인 삶과 순종**(26, 33절)

    c. **가르침과 하나님의 성품과 행하심**(64, 68, 124, 135절)

3. **"내게 분별력을 주소서"**(27, 34, 73, 104, 125, 144, 169절)

a. **분별력과 창조주 하나님**(27, 73절)

b. **분별력과 창조주를 향한 도덕적 순종**(34, 104절)

c. **분별력과 하나님과의 인격적 관계**(125, 144, 169절)

몇 년 전, 저는 여러 유명 인사(스포츠 스타, 연예인, 정치인 등)의 얼굴을 보여 주는 한 TV 광고를 보았습니다. 각 인사들은 누군지 알 수 없는 이름을 하나씩 언급했습니다. "존스 부인", "캠벨 씨", "러더퍼드 씨" 등이었습니다. 이어서 광고의 핵심 문구가 화면에 등장했습니다. **"좋은 선생님은 모두의 기억 속에 남습니다!"** 옳은 말입니다. 우리는 모두 학창 시절에 만난 몇몇 좋은 선생님을 마음속 깊이 기억합니다. 시편 기자 역시 자신의 스승을 기억하는데, 그분은 바로 하나님이십니다. 그는 종종 하나님이 자신의 스승이라고 고백하며, 하나님 말씀을 그분의 가르침 또는 교훈으로 언급합니다. 그리고 스승이신 하나님에게 감사하는 마음을 주저 없이 표현합니다!

이제 시편 기자와 함께 교실에 앉아 스승이신 하나님이 우리에게 들려주시는 가르침을 배우고 연구하고 소통하고 받아들이며 암송하고 되새기고 적용해 봅시다.

• 여러분이 만난 좋은 선생님은 누구였나요? 그분은 어떤 면에서 좋은 선생님이었나요? 그 선생님이 여러분의 배움에 어떤 변화를 가져왔나요? 여러분이 생각하는 좋은 선생님의 자질이 무엇인지 한번 생각해 보십시오.

1. 스승이신 하나님(98-100, 102절)

성경이 우리의 교과서라면, 하나님은 우리의 스승이십니다.

> 주께서 나를 가르치셨으므로
> **내가 주의 규례들에서 떠나지 아니하였나이다.** (102절, 저자 강조)

바울도 디모데에게 편지를 쓸 때 이와 유사한 표현을 사용합니다. 디모데는 유년 시절에 자기 어머니와 외할머니에게서 신앙을 전수받았습니다. 이 얼마나 큰 축복이자 특권인지요! 그런데 여기서 바울은 디모데를 구원으로 인도하며 의와 공의를 일깨워 준 것이 바로 성경이라고 강조합니다.

> [네가] 어려서부터 성경을 알았나니 성경은 능히 너로 하여금 그리스도 예수 안에 있는 믿음으로 말미암아 구원에 이르는 지혜가

있게 하느니라. 모든 성경은 하나님의 감동으로 된 것으로 교훈과 책망과 바르게 함과 의로 교육하기에 유익하니. (딤후 3:15-16)

실제로 시편 기자는 하나님을 스승으로 모시고 성경을 교과서로 삼을 때, (자신의 대적은 말할 것도 없이) 어떤 인간 교사나 장로보다 큰 분별력을 얻게 된다고 고백합니다.

주의 계명들이 항상 나와 함께 하므로
그것들이 나를 원수보다 지혜롭게 하나이다.
내가 주의 증거들을 늘 읊조리므로
나의 명철함이 나의 모든 스승보다 나으며
주의 법도들을 지키므로
나의 명철함이 노인보다 나으니이다. (98-100절)

아마 여러분은 어떤 대학 교수가 새내기 강사에게 이렇게 말했다는 이야기를 들어 보았을 것입니다. "잘 모르는 것이 있으면 학부 신입생들에게 물어보게나. 그 아이들이 아직 모든 것을 다 아는 동안에 말일세!" 시편 기자가 고백하는 내용이 청년들의 과장된 자신감과 비슷하게 들릴 수도 있습니다. 하지만 나는 시편 기자의 주장을 오만한 것으로 여기고 싶지 않습니다. 여기서 시편 기자는 자신의 지식을 내세우며 뽐내기보다는, 하나님 말씀의 가르침에 담긴 탁월한 지혜와 가치에 대한 확신을 표현하고 있기 때문입니다.

하나님을 우리의 스승으로, 그 말씀을 교과서로 여기며 이 시편을 묵상하는 동안 다음 두 구절이 자꾸 내 눈에 들어왔습니다. "주의 율례들을 **내게 가르치소서**"와 "내게 **깨달음/분별력**을 주소서"(혹은 이와 유사한 표현)가 그것입니다. 이 시편에서 전자는 여덟 차례, 후자는 일곱 차례 나옵니다. 이제 이 장 나머지 부분에서는 이들이 언급되는 맥락 안에서 각 구절들을 살펴보려 합니다.

• 시편 기자와 마찬가지로, 우리 그리스도인들은 성경이 다른 어떤 교육의 방편보다 큰 이해와 통찰을 우리에게 제공한다고 믿습니다. 이런 우리의 관점과 반지성주의 사이에는 어떤 차이점이 있을까요?

2. "나를 가르치소서"(12, 26, 33, 64, 68, 124, 135, 171절)

하나님에게 자신을 가르쳐 달라고 구하는 시편 기자의 기도를 읽다 보면, 그 안에서 다양한 강조점을 발견하게 됩니다. 이는 마치 다양한 실이 엮여 하나의 거대한 양탄자를 이루는 것과 같습니다. 여기서 우리는 가르침과 찬양, 가르침과 실제적인 삶/순종, 그리고 가르침과 하나님의 성품/행하심 사이의 연관성에 초점을 두고 살펴보려 합니다.

a. 가르침과 찬양(12, 171절)

우리가 먼저 살펴볼 요점은 "나를 가르치소서"라는 시편 기자의 기도가 찬양과 밀접히 연결되어 있다는 점입니다. 이 시편에서 그가 이렇게 간구하는 처음과 마지막 구절 모두 하나님을 찬양하는 맥락 안에 있습니다.

> 찬송을 받으실 주 여호와여
> 주의 율례들을 내게 가르치소서. (12절)

> 주께서 율례를 내게 가르치시므로
> 내 입술이 주를 찬양하리이다. (171절)

시편 기자는 자신의 머리와 가슴, 신학과 찬양, 자기 삶의 지적인 측면과 영적인 측면을 서로 분리하지 않았습니다. 그는 하나님에게 드리는 예배(찬미와 감사, 노래)를 그분에게서 가르침받는 일과 엄격히 구분 짓지 않습니다. 그에게 배움은 곧 풍성한 찬양으로 이어지기 때문입니다. 우리는 느헤미야 8장에서도 이 가르침과 찬양 사이의 직접적인 연결 고리를 발견하게 됩니다. 이스라엘 백성은 일주일 간 광장에 서서 에스라가 하나님의 율법을 큰 소리로 낭독하고 가르치는 것을 들었습니다. 그리고 그들은 슬피 울었습니다. 또한 크게 기뻐했습니다. 당시 그들이 기뻐했던 주된 이유는 레위인들의 가르침을 통해 낭독된 말씀의 의미를 마침내 헤아리게 되었기 때문입니다(느 8:12). 그리고 바울도 고린도 신자들에게 성령 안에서 드리는 영적 예배에 너무 심취한 나머지 지성을 함양하는 일의 중요성을 간과해선 안 된다고 권면하면서 이와 유사한 주장을 펼칩니다(고전 14:14-19).

지금 많은 그리스도인들이 경건의 삶(또는 '경배의 시간')과 성경 말씀을 배우고 이해하는 일을 분리하거나, 더 나아가 이 둘을 서로 대조되는 개념으로 여기는 것은 비극적인 일입니다. 이 두 가지 모두 지극히 중요하기 때문입니다. 그렇기에 시편 기자는 하나님 말씀을 잘 배우고 깨달음으로써 그분을 더 깊이 경배하고 찬양하게 되기를 열망합니다.

- 여러분은 대개 어떤 이유로 하나님을 찬양하나요? 혹시 이 질문에 대한 답으로 '하나님의 가르침'을 언급한 사람이 있나요? 만약 없었다면, 또는 그것이 목록에서 높은 순위를 차지하지 않았다면, 이를 통해 우리가 무엇을 중요하게 여기며 무엇에 감사하

는지에 대해 어떤 점을 알 수 있나요?

b. 가르침과 실제적인 삶과 순종(26, 33절)

우리가 다룰 두 번째 요점은 하나님에게 자신을 가르쳐 달라고 구하는 시편 기자의 기도가 실제적인 삶 혹은 순종의 문제와 밀접하게 연결되어 있다는 점입니다.

내가 나의 행위를 아뢰매 주께서 내게 응답하셨사오니
주의 율례들을 내게 가르치소서. (26절)

여호와여 주의 율례들의 도를 내게 가르치소서.
내가 끝까지 지키리이다. (33절)

우리는 때때로 서로 각자의 말과 행동에 관해 고백하고 책임져야 한다고 이야기합니다. 26절에서 시편 기자는 하나님 앞에서 자신의 행위를 고백하는 모습을 보여 줍니다.

- 여러분은 하루 일과를 마칠 때마다 그날의 일을 하나님에게 아뢰고 있나요? 이런 삶의 습관이 성경 연구를 향한 동기 부여에 어떤 영향을 미칠지를 함께 나눠 보십시오.

c. 가르침과 하나님의 성품과 행하심(64, 68, 124, 135절)

우리가 다룰 세 번째 요점은 시편 기자의 기도가 하나님의 성품과 행하심과 밀접히 연관되어 있다는 것입니다.

여호와여 주의 인자하심이 땅에 충만하였사오니
주의 율례들로 나를 가르치소서. (64절)

주는 선하사 선을 행하시오니
주의 율례들로 나를 가르치소서. (68절)

주의 인자하심대로 주의 종에게 행하사
내게 주의 율례들을 가르치소서. (124절)

주의 얼굴을 주의 종에게 비추시고
주의 율례로 나를 가르치소서. (135절)

오늘날 많은 이들이 하나님의 **율법**을 그분의 사랑과 반대되는 개념으로 여깁니다. 하지만 구약에서 하나님의 율법은 하나님이 지극히 사랑하셔서 노예살이로부터 속량해 내신 백성에게 주신 귀한 은혜의 선물 중 하나로 간주되었습니다. 율법을 연구하는 것이 그저 메마른 율법주의를 훈련하는 것과 같다고 여기는 개념은 시편 기자에게 큰 충격이었을 것입니다. 그의 관점에서는 전혀 그렇지 않았기 때문입니다. 그에게 율법 연구는 자애로운 스승이신 하나님과 함께하는 친밀하고 인격적인 수업이었습니다. 여기서 시편 기자는 하나님을 향해 이런 식으로 고백하고 있습니다. "주님, 오직 **당신만이** 내 스승이 되어 주시기를 원합니다. 당신은 선하시고, 사랑이 많으시며, 내 삶에 늘 은혜로 임재하시기 때문입니다."

앞서 나는 이렇게 언급했습니다. "좋은 선생님은 모두의 기억 속에 남습니다." 시편 기자가 하나님에게 배우기를 원한 이유는 그분이 선하시고 사랑이 많으시기 때문입니다. 나아가 그분은 자신의 제자들과 늘 함께하십니다. 하나님의 "얼굴"은 곧 그분의 임재를 의미하며, 그분은 자기 백성들의 삶을 교실 삼아 그 한복판에 머무십니다.

- 우리가 선하시고 사랑 많으신 교사인 하나님과 함께 있음을 기억할 때, 우리의 성경 연구가 어떻게 달라질까요?
- 여러분(혹은 여러분이 속한 모임)이 성경 연구에 참여하고 있다면 하나님이 친히 여러분의 교사가 되십니다. 여러분이 다름 아닌 그분의 말씀을 배우고 있기 때문입니다. 그렇다면 이 성경공부는 어떻게 하나님의 성품을 찬양하고 그분에게 순종하는 일로 이어질 수 있을까요?

- 여러분이 설교자라면, 어떻게 말씀을 전해야 여러분 자신이 하나님의 학교 교장이 아닌 학생일 뿐이며, 함께 하나님의 말씀을 배우고 있음을 드러낼 수 있을까요?

3. "내게 분별력을 주소서"(27, 34, 73, 104절)

히브리어에서 '깨달음'은 지적인 분별력과 통찰을 의미합니다. 이는 육신의 눈에 보이는 것보다 깊은 수준까지, 곧 사물의 표면 너머까지 볼 수 있는 능력입니다. 이것은 인격적인 성숙과 경험에서 유래하는 실천적인 지혜이지만, 어느 정도까지는 배우고 익히는 게 가능합니다. 그리고 무엇보다 우리가 늘 간구해야 할 하나님의 선물입니다. 신약에서 지혜는 성령의 은사 중 하나로 열거됩니다(고전 12:8).

가르침을 구하는 기도와 마찬가지로, 분별력을 구하는 기도에서도 시편 기자는 여러 가닥의 실을 한데 엮어 일종의 거대한 양탄자를 만드는 모습을 보입니다.

a. 분별력과 창조주 하나님(27, 73절)

첫 번째 실은 참된 분별력이 창조주 하나님의 손길과 밀접히 결부되어 있다는 것입니다.

나에게 주의 법도들의 길을 깨닫게 하여 주소서.
그리하시면 내가 주의 기이한 일들을 작은 소리로 읊조리리이다.
(27절)

주의 손이 나를 만들고 세우셨사오니
내가 깨달아 주의 계명들을 배우게 하소서. (73절)

여기서 시편 기자는 하나님의 창조 세계를 온전히 헤아리기에 앞서 하나님의 도덕적인 가르침을 이해해야 한다고 제안합니다.

• 위의 문장은 종교/윤리와 과학의 관계에 대해 우리에게 어떤 시사점을 주나요?

b. 분별력과 창조주를 향한 도덕적 순종(34, 104절)

분별력은 도덕적 순종, 특히 그릇된 길을 피하는 일과 긴밀히 연관됩니다.

나로 하여금 깨닫게 하여 주소서.
내가 주의 법을 준행하며 전심으로 지키리이다. (34절)

주의 법도들로 말미암아 내가 명철하게 되었으므로
모든 거짓 행위를 미워하나이다. (104절)

하나님으로부터 배우는 것의 핵심은 하나님을 위해 사는 데 있습니다. 위의 구절들을 잠언 1:1-7과 비교해 보십시오.

- 현대 사회는 도덕적인 분별력 대신 지적이고 학문적인 지혜(또는 기술적인 성취)를 앞세워 왔습니다. 이러한 현상이 어떻게 참된 우선순위의 질서를 약화시켰다고 생각하나요?
- 여러분의 기독교적 분별력이 성숙해진 덕분에 그릇된 방향과 결정을 거부하고 피할 수 있었던 사례가 있다면 나눠 보십시오.

c. 분별력과 하나님과의 인격적 관계(125, 144, 169절)

시편 기자는 참된 분별력을 하나님과의 인격적인 관계와 밀접히 연관 짓습니다.

나는 주의 종이오니 나를 깨닫게 하사
주의 증거들을 알게 하소서. (125절)

주의 증거들은 영원히 의로우시니

나로 하여금 깨닫게 하사 살게 하소서. (144절)

여호와여, 나의 부르짖음이 주의 앞에 이르게 하시고
주의 말씀대로 나를 깨닫게 하소서. (169절)

이 구절들은 앞서 이 책의 서론에서 언급했던 요점을 강조합니다. 즉, 이 시편이 그저 율법 자체에 관한 시가 아니라는 것입니다. 오히려 이 시편은 하나님과의 인격적인 관계를 다룬 시입니다. 시편 기자는 자신의 분별력이 성숙하기를, 곧 하나님과의 올바른 관계에서 흘러나오는 지적이고 도덕적인 지혜를 갖기를 간절히 바랍니다. 이 구절들에서 하나님은 우리의 참된 주인인 동시에 생명과 도움을 베푸시는 분이며, 시편 기자는 그분의 종입니다. 그는 하나님이 자기를 살게 해 주시기를 갈망하며, 지극히 궁핍한 상황 가운데서 그분의 도우심을 간구합니다.

- 겸손은 우리가 성경을 이해하고 깨닫는 데 어떤 역할을 하나요?
- 성경 본문을 잘 설교하기 위해 하나님에게 깨달음을 달라고 기도할 때 겸손은 어떤 역할을 하나요? 그리고 하나님이 그 기도에 응답해 주셨을 때, 어떻게 겸손을 유지할 수 있을까요?

더 깊이 나아가기

고린도전서 1:24-30을 읽어 보십시오.

가르침과 분별력을 향한 시편 기자의 갈망은 모든 지혜가 그리스도 안에 계신 하나님과의 관계를 통해 주어진다는 바울의 말과 어떻게 연결될까요?

묵상과 토론을 위한 질문

설교가 끝난 후 "이제 찬양팀이 우리를 예배의 시간으로 인도할 것입니다"라는 말로 마무리할 때 어떤 오해를 불러일으킬 수 있을까요? 이 표현에 담긴 함의는 무엇일까요? 또한 이 시편을 통해 배울 수 있는 올바른 예배관은 무엇일까요?

이제 하나님의 탁월하신 성품과 그분의 행하심을 찬미하면서 기도로 이 장의 나눔을 마무리하기 바랍니다.

* 3부. 개인적인 죄와 은혜의 말씀 시 119:9-16

존 번연의 고전『천로역정』에서는 '크리스천'이라는 한 남자가 등에 무거운 죄의 짐을 짊어진 채 긴 여정에 나섭니다. 그는 그 짐을 벗어 버리기를 간절히 바랐지만, 짐은 꿈쩍도 하지 않았습니다. 그는 온갖 고난을 감내하면서 앞으로 나아가다가 마침내 주님의 십자가 밑에 이르게 됩니다. 그곳에서 그는 죄의 짐이 벗겨져 언덕 아래로 굴러가는 극적인 순간을 맞습니다. 그 짐은 결국 깊은 구덩이 속으로 사라져 다시는 보이지 않게 됩니다.

몇몇 시편에서는 무거운 죄의 짐에 관해 이와 유사한 그림을 그려 보입니다. 한 예로, 시편 32편 저자는 미처 고백하지 않은 죄를 품고 살아가는 동안 자기 삶이 얼마나 메마르고 황량하며 곤고하게 느껴졌는지를 생생히 묘사합니다. 그가 그 죄를 애써 숨기고 덮으려고 했을 때, 그 죄는 그의 내면에서부터 그의 존재 전체를 갉아먹었습니다. 그러나 그가 자신의 죄를 하나님 앞에 숨김 없이 드러냈을 때, 하나님은 풍성한 용서의 은혜로 그 죄를 덮어 주셨습니다.

아마도 시편 51편은 시편 전체를 통틀어 가장 폭넓은 죄의 고백이 담긴 시일 것입니다. 그 시에는 죄에 대한 깊은 성찰과 뉘우침, 그리고 정결과 회복을 간구하는 기도가 담겨 있습니다. 그런 시편들은 대개 신자들이 어떤 구체적인 죄를 범한 후에 느끼는 확고한 죄의식에서 비롯됩니다. 이때 그들은 상한 심령으로 통회하면서 간절히 부르짖게 됩니다. 그런 시간은 지극히 고통스럽습니다. 하지만 그들은 하나님의 은혜로 놀랍게 회복되며, 넘치는 새 소망을 발견합니다. 경건한 회개는 하나님의 용서로 이어지며, 이같이 용서받은 이들의 모임에 속할 때 우리는 말로 다 표현할 수 없는 기쁨을 누리게 됩니다.

시편 119편은 참회의 시가 아니지만, 그럼에도 죄의 문제에 깊은 관심을 쏟습니다. 시편 기자는 자신이 **죄를 지었기** 때문에 절망하며 슬퍼하는 것이 아니라, 죄를 짓지 않기를 간절히 염려하고 있습니다. 어쩌면 그의 이런 염려는 시편 32편과 51편 배후에 있는 것과 유사한 경험에서 유래했을 수도 있습니다. 자비를 베풀어 달라고 울부짖으며 과거를 되돌릴 수 있길 바라는 게 어떤 것인지 잘 알았기에, 시편 기자는 다시는 그런 지경에 놓이지 않으려 굳게 다짐했던 것입니다. 따라서 우리가 이 시편에서 발견하는 것은 이미 범한 죄에 대한 고백이라기보다는, 죄에 대한 자각과 죄를 피하기 위해 무엇이든 하겠다는 강한 결단입니다.

3부의 세 장에서 우리는 다음의 내용들을 차례로 살펴보려 합니다. (1) 죄와 그 결과에 대한 시편 기자의 깨달음, (2) 죄를 피하기 위한 그의 전략, 그리고 (3) 예수님과 그분의 십자가를 몰랐던 이 구약의 신자가 죄 문제에 관해 내놓은 놀라운 대답이 그것입니다.

5. 죄의 자각

119:129-136

목표: 우리 삶에 죄가 미치는 영향력을 더 깊이 인식하기

주제에 집중하기

예수님은 죄 문제를 매우 심각하게 여기십니다. 이 말이 의심스럽다면, 마태복음 18:7-9을 읽어 보십시오. 이 본문에서 주님은 죄를 계속 지을 바에야 차라리 불구가 되는 편이 낫다는 점을 생생한 비유를 통해 말씀하십니다. 그분의 이런 말씀은 우리 앞에 엄숙한 도전을 제기합니다. 과연 우리는 자신의 죄를 충분히 심각하게 바라보고 있나요? 혹시 '사소한' 죄를 아무렇지 않게 짓고 정당화하지는 않나요? 이 장의 나눔을 시작할 때, 먼저 여러분이 죄의 심각성을 더 깊이 깨닫게 해 주시기를 하나님에게 기도하십시오. 그런 다음에는 아래의 구절들을 읽고 묵상하면서, 혹시 하나님이 그 내용을 통해 여러분 삶의 특정 영역에 관해 직접적으로 말씀하고 계신 것은 아닌지를 숙고해 보기 바랍니다.

읽기: 시편 119:129-136

핵심 구절: 시편 119:133

개요

1. **죄는 우리를 수치와 불명예로 인도한다**(6, 31, 39절)

2. **죄는 우리가 길을 잃게 만든다**(67, 101, 104, 128절)

3. **죄는 결국 우리 삶을 지배하며 통제한다**(133절)

시편 기자는 죄의 심각성을 어떻게 평가하고 있나요? 그리고 죄는 우리의 삶에 어떤 영향을 미치나요? 이 장에서 우리는 다음 세 가지 소제목 아래서 죄에 대한 인식 문제를 다루려 합니다. (1) 죄는 우리를 수치와 불명예로 인도한다, (2) 죄는 우리가 길을 잃게 만든다, (3) 죄는 결국 우리 삶을 지배하며 통제한다.

1. 죄는 우리를 수치와 불명예로 인도한다(6, 31, 39절)

내가 주의 모든 계명에 주의할 때에는
부끄럽지 아니하리이다. (6절)

내가 주의 증거들에 매달렸사오니

여호와여 내가 수치를 당하지 말게 하소서. (31절)

내가 두려워하는 비방을 내게서 떠나게 하소서.
주의 규례들은 선하심이니이다. (39절)

사람들은 흔히 수치라고 하면, 치욕스러운 일을 저지른 교사들, 이중생활을 한 정치인들, 혹은 가문의 명예를 실추시킨 자녀들에 대한 뉴스를 떠올립니다.

수치심은 인간이 죄를 짓고 나서 보인 첫 반응이었습니다. 에덴동산에서 죄를 범한 아담과 하와는 하나님으로부터 자신들의 모습을 숨기고 감추려 했습니다. 수치심은 다른 사람들의 시선을 피해 스스로를 감추려는 절박한 욕망입니다. 그릇된 일을 하다가 발각되어 굴욕을 당할까 봐 두려울 때 이런 감정을 느끼게 되는데, 이는 어떤 대가를 치르고라도 자신의 체면을 지키려는 문화권에서 특히 그러합니다. 그리고 다른 여러 시편에서도 수치와 굴욕에 대한 이 두려움을 표현하고 있습니다. 예를 들어, 시편 25:1-2, 20을 읽어 보십시오. 이 본문에서 저자는 자신이 억울한 누명을 쓸 때 겪게 될 공개적인 수치로부터 지켜 주시기를 하나님에게 간구합니다.

그러나 (억울한 누명에 그치지 않고) 우리가 실제로 죄를 범했다면, 그에 합당한 수치를 겪어야 합니다. 하나님 앞에 감추는 것

없이 서서 자신의 속마음을 돌아볼 때 우리는 내적인 수치심을 느낄 수밖에 없습니다. 사람들이 아무 수치심 없이 죄를 짓는 것은 그들의 심령이 심각할 정도로 굳어져 있기 때문입니다.

예수님이 당하신 십자가형의 고통 중 하나는 당사자에게 가해지는 공개적인 수치였습니다. 보통 죄수들이 벌거벗은 채로 십자가에 달렸기에 공개적인 치욕이 극심할 수밖에 없었습니다. 그렇기에 예수님은 우리의 죄뿐 아니라 수치까지 감당하기 위해 십자가에 달리신 것입니다. 즉 주님은 당연히 우리 것이어야 했던 깊은 경멸과 수치, 모욕을 친히 짊어지셨습니다. 당시 주님과 함께 십자가에 달렸던 두 강도 중 하나는 이 진리를 깨달았지만, 다른 하나는 그저 대중의 열띤 조롱에 동참할 뿐이었습니다.

십자가에 담긴 이 진리는 언젠가 제가 은밀히 숨겨 왔던 어떤 행실을 하나님 앞에서 회개할 때 깊은 깨달음을 주었습니다. 만약 그 행실이 사람들 앞에 드러났다면, 저는 큰 불명예를 안게 되었을 것입니다. 그러나 십자가 앞에 죄를 내어놓고 용서를 구했을 때, 문득 내가 겪어야 할 그 모든 수치까지도 그분이 친히 짊어지셨음을 깨닫게 되었습니다. 나는 주님의 보혈로 죄를 용서받고 정결케 되었을 뿐 아니라, 그 깊은 수치로부터도 건짐을 입었던 것입니다. 이는 시편 기자들이 간구한 내용대로였습니다. 이 일을 헤아리는 동안, 저는 깊은 겸손과 안도를 느끼게 되었습니다.

수치와 무례한 비웃음을 받으시며
나를 대신해 기꺼이 정죄 당하셨네.
자신의 피로 내 속죄를 확증하셨네.
할렐루야! 구세주를 찬송하세!▸ (저자 강조)

오늘날 많은 사람들이 죄의 개념 자체를 상당히 무의미하게 여깁니다. 초월적이고 인격적인 하나님 앞에서 우리가 도덕적인 책임을 져야 한다는 인식이 사라지면서, 그분의 뜻을 거스른 것에 대한 죄책감이나 객관적으로 잘못을 저질렀다는 의식도 함께 사라지게 되었습니다. 이제 그 자리에는 일종의 수치심이 남아 있지만, 그것도 우리가 하나님의 임재 앞에서 경험하는 성경적인 의미의 수치심과는 다릅니다. 오히려 그것은 우리가 겉으로 드러내는 '페르소나'(우리가 자신에 관해 만들어 낸 이야기와 소셜 미디어의 게시물을 통해 강화되는 우리의 외적 이미지)와 실제로 우리가 아는 진짜 자기 자신 사이의 괴리에서 오는 내적인 수치심입니다. 우리는 말 그대로 '나 자신'을 수치스럽게 여깁니다.

지금 우리가 사람을 자유케 하는 복음을 전할 때 직면하는

▸ 필립 블리스의 찬송가 "슬픔의 사람, 놀라우신 이름"(Man of Sorrows, what a name) 중 일부.

도전 중 하나는 바로 이런 문화적 현상에 어떻게 대응할 것인가 하는 데 있습니다. 우리 그리스도인들이 익숙하게 써 온 용어들이 세상 사람들에게는 전혀 무의미하게 들릴 수 있기 때문입니다. 현대인들이 알아들을 만한 개념과 표현으로 성경의 진리를 전달하려면 어떻게 해야 할까요?

- 시편 기자는 어떤 종류의 불명예를 두려워했던 것으로 보이나요? 그의 관점이 오늘날 우리와는 어떤 연관성이 있을까요?
- 지금 우리 사회에서 참된 죄의식이 사라지고 왜곡된 의미의 수치심만 남은 문제를 어떻게 극복해야 할까요?

2. 죄는 우리가 길을 잃게 만든다 (67, 101, 104, 128절)

앞에서 본 것처럼, 이 시편에서 신자의 삶을 묘사할 때 선호하는 이미지 중 하나는 길 혹은 행로입니다. 시편 기자는 하나님이 자신을 선하고 바른 길로 인도해 주시기를 원합니다. 또한 그만큼 그릇된 길을 피하고 싶어 합니다. 하지만 죄는 우리를 늘 잘못된 길로 데려다 놓습니다. 하나님이 기뻐하시지 않는 일임을 알면서도 의도적으로 행할 때, 결국 우리는 잘못된 길로 들어서게 됩니다. 그리고 (첫 번째 죄를 숨기려고 애쓰다가) 우리는 또 다른 잘못된 길로 들어서게 되며, 마침내는 하나님이 우리에게 원하시는 모습과 완전히 동떨어진 곳에 서게 됩니다. 이제 그러한 운명을 피하려는 시편 기자의 결심이 담긴 다음 구절들을 읽어 봅시다.

고난받기 전에는 내가 잘못된 길로 갔으나,
이제는 주의 말씀에 순종합니다. (67절, 쉬운성경)

내가 주의 말씀을 지키려고 발을 금하여
모든 악한 길로 가지 아니하였사오며. (101절)

67절에서 시편 기자는 자신이 당한 고난 덕분에 잘못된 길에서 돌이키게 되었다고 고백합니다. 이제 그는 하나님에게 순종하기로 굳게 다짐합니다.

나는 주의 교훈들로부터 깨달음을 얻고 있습니다.
그러므로 나는 모든 악한 길을 미워합니다. (104절, 쉬운성경)

내가 주의 모든 교훈들을 옳다고 생각합니다.
나는 잘못된 모든 길들을 미워합니다. (128절, 쉬운성경)

잘못된 길은 당연히 위험한 길이 될 수 있습니다. 만약 지금 자신이 그런 길로 가고 있음을 깨달았다면, 즉시 돌아서서 바른 길로 나아가는 것이 최선의 선택입니다. 죄는 늘 한 걸음부터 시작합니다. 그런 다음 한 걸음, 한 걸음 계속해서 이어지다가 점점 잘못된 길로 빠져드는 것입니다. 잘못된 길로 더 깊이 들어설수록, 돌이키기가 더욱 어려워집니다. 그렇기에 시편 기자는 아예 죄를 향한 첫 걸음을 힘써 피하도록 우리에게 권면하는 것입니다.

- 여러분의 삶에서 겪은 고난과 시련 덕분에 다시 말씀의 길로 돌아온 적이 있었나요? 모임에서 함께 나누어 보십시오.
- "나는 모든 악한 길을 미워합니다." 이러한 삶의 태도를 함양하는 동시에 자기 의와 독선에 빠지지 않으려면 어떻게 해야 할까요?

3. 죄는 결국 우리 삶을 지배하며 통제한다(133절)

죄가 우리 삶의 주인이 될 때, 우리는 그 혹독한 굴레 아래 깊이 속박되고 맙니다. 하나님은 가인을 향해 바로 이 일을 경고하신 바 있습니다(창 4:7). 이 신학적 관점은 우리 삶의 경험과도

일치합니다. 약물 중독자들을 상대로 사역해 온 한 지인이 이렇게 언급한 적이 있습니다. "죄 문제에 관해서는 우리 모두 회복 단계에 있는 중독자들이나 다름없습니다." 죄에게는 우리를 사로잡아 굴종하게 만드는 중독적인 능력이 있으며, 이는 성경에서 계속 경고하는 바와 같습니다. 그리고 오직 하나님의 능력만이 우리를 그 죄의 세력에서 건져 내며 보호해 주실 수 있습니다.

그러므로 시편 기자가 자신을 바른 길로 인도해 주시기를 하나님에게 구하는 이유 중 하나는 바로 이 죄에게서 지배당하거나 통제당하지 않기 위함입니다.

> 나의 발걸음을 주의 말씀에 굳게 세우시고
> 어떤 죄악도 나를 주관하지 못하게 하소서. (133절)

- 로마서 6:11-14에서 이 구절에 대한 어떤 추가적인 통찰을 얻을 수 있나요?
- '죄의 지배'는 우리 삶 속에서 어떤 식으로 모습을 드러내나요?
- 여러분이 설교자라면, 죄에 관한 메시지를 전할 때 자신의 삶 속에도 그런 죄가 자리 잡고 있음을 잊지 않으려 노력하나요? 그리고 (시편 기자가 그랬듯이) 여러분도 그 죄의 위험성을 제대로 인식하고 있나요? 우리는 오직 회개하고 용서받은 죄인들로서만 다른 이들에게 하나님의 말씀을 전할 수 있습니다.

현실적이고 철저하게

다른 여러 시편을 비롯해 성경의 많은 본문에서 죄라는 주제를 다룹니다. 그리고 과거에 죄를 범했던 우리 자신의 경험을 돌아보기만 해도, 우리가 다양한 방식으로 죄의 유혹에 넘어갈 수 있음을 쉽게 알 수 있습니다.

우리는 자신의 허물을 가볍게 넘겨서는 안 됩니다. 성경은 우리가 죄에 관해 현실적인 동시에 철저한 태도로 대처할 것을 요구합니다. 우리는 죄가 여러 거창한 약속을 속삭이지만 그 중에서 실제로 이루어지는 것은 하나도 없음을 늘 되새겨야 합니다.

- 죄는 재미와 흥분을 약속하지만, 고통과 비극을 가져올 뿐이다.
- 죄는 자유를 약속하지만, 속박과 중독을 낳을 뿐이다.
- 죄는 생명과 성취를 약속하지만, 허무와 좌절, 죽음으로 인도할 뿐이다.
- 죄는 이익을 약속하지만, 상실을 안길 뿐이다.
- 죄는 우리가 언제든지 그 영향력 아래서 벗어날 수 있다고 약속하지만, 실상은 그 속박이 더 견고해질 뿐이다.

시편 119편에는 생생한 경고가 담겨 있습니다. 우리는 죄의 실체를 파악하고, 그것이 인간의 삶에 미치는 결과들을 헤아려야 합니다. 이를 인정하고 직시하십시오. 여러분 자신의 현 상태를 솔직히 받아들이십시오.

더 깊이 나아가기

시편 51편을 읽어 보십시오.

기도하는 마음으로 시편 51편을 읽고, 우리를 새롭게 하시고 회복시켜 달라는 다윗의 기도에 동참해 보십시오. 여러분의 삶 속에서 하나님 앞에 가지고 나아가야 할 구체적인 영역이 있나요?

묵상과 토론을 위한 질문

여러분 자신의 죄를 고백하고 하나님이 그리스도 안에서 우리를 용서하신 것에 감사하는 기도로 이 장을 마무리해 보십시오. 죄의 문제는 지극히 심각하고 중대하지만, 우리 그리스도인들은 우리의 죄가 그리스도의 십자가에서 최종적으로 온전히 극복될 수 있음을 압니다. 이제 이 믿음의 확신에 근거해 하나님의 부르심에 응답하며 그분 앞에 기도로 나아가기 바랍니다.

6. 죄 피하기: 우리의 마음과 의지를 견고하게

119:9-16

목표: 죄에 대한 저항력과 하나님의 자비에 의지하는 믿음을 강화하기

주제에 집중하기

에베소서 6:10-18에서 바울은 전투의 이미지에 근거해 자신의 메시지를 전하면서 "하나님의 전신 갑주"를 취하라고 권면합니다. 이제 그 본문을 한번 읽어보고, 이 장의 내용을 묵상하는 동안에 그 이미지들을 계속 마음속에 간직하기 바랍니다. 죄를 피하는 일은 그저 우리의 수동적인 회피를 통해서만 이루어지는 것이 아닙니다. 오히려 그 일에는 우리 자신의 적극적인 행동이 요구됩니다.

읽기: 시편 119:9-16

핵심 구절: 시편 119:11

개요

1. **우리의 지성을 단련하기**(9, 11, 13, 15절)

2. **우리의 의지를 단련하기**(30, 101, 106, 112절)

우리는 어떻게 죄의 힘에 맞설 수 있을까요? 성경은 죄가 사람의 전 인격에 깊은 영향을 끼친다고 말씀합니다.

> 여호와께서 사람의 죄악이 세상에 가득함과 그의 마음으로 생각하는 모든 계획이 항상 악할 뿐임을 보시고. (창 6:5)

지금 사람의 인격 가운데서 죄로 인해 망가지지 않은 부분은 하나도 없습니다. 인간 삶의 물리적이고 지적이며 정서적이고 의지적이며 관계적인 측면 모두 죄의 오염으로 뒤틀리고 왜곡되었습니다. 창세기 3-11장은 구체적인 역사의 사건들을 통해 이 말이 뜻하는 바를 생생히 보여 줍니다(또한 롬 1:18-32; 2:9을 보십시오).

이처럼 사람의 온 인격이 죄의 영향을 받기에, 그 힘에 맞서는 일에도 우리 삶의 전 부분이 동원되어야만 합니다. 그리고 시편 기자가 이 시 전체에서 행하는 일이 바로 그것입니다. 그의 고백을 읽어 나가는 동안, 우리는 그가 죄와 유혹을 피하려 치열하게 씨름하는 동안 의지했던 다양한 방편을 보게 됩니다. 이제 그 기자의 전략들을 살피면서, 그것이 각자의 싸움 속에 있는 우리에게 주는 교훈이 무엇인지 헤아려 봅시다. 이 장에서는 우리의 지성과 의지를 단련하는 문제를 다루어 보려 합니다. 그리고 다음 장에서는 우리의 감정과 신앙을 강화시키는 문제를 다룰 것입니다. 이 모든 일의 목표는 바로 죄의 길을 피하는 데 있습니다.

1. 우리의 지성을 단련하기(9, 11, 13, 15절)

앞에서 계속 살펴보았듯이, 시편 119편은 하나님의 말씀에 관한 언급들로 가득합니다. 저자는 자신이 그 말씀을 **깊이 묵상하며 성찰하는** 일에 많은 시간과 노력을 들인다고 고백합니다. 여기서 그는 그 일을 그저 일종의 학문적인 훈련으로만 여기지 않습니다. 오히려 그는 죄의 유혹을 피하고 바른 길로 걸어가려는 구체적인 목표를 품고 있습니다. 그렇기에 그는 이 시편의 두 번째 연(9-16절) 전체에서 바로 이 문제를 다룹니다. 그 내용은 우리가 이 장에서 살필 다음의 질문으로 시작합니다.

> 청년이 무엇으로 그의 행실을 깨끗하게 하리이까?
> 주의 말씀만 지킬 따름이니이다. (9절)

이 구절의 두 번째 줄에 시편 기자의 질문에 대한 답이 담겨 있습니다. 그 내용을 좀 더 문자적으로 번역하면 다음과 같습니다. "다만 주의 말씀에 따라 행실을 경계할 따름이니이다."

이는 우리 삶의 모든 걸음, 모든 선택과 결정, 모든 기회나 유혹을 하나님 말씀의 잣대 아래로 가지고 나아와서 이렇게 질문하는 것을 의미합니다. "성경은 이에 대해 뭐라고 말씀하는가?"

내가 주께 범죄하지 아니하려 하여
주의 말씀을 내 마음에 두었나이다. (11절)

주의 입의 모든 규례들을
나의 입술로 선포하였으며, (13절)

내가 주의 법도들을 작은 소리로 읊조리며
주의 길들에 주의하며, (15절)

여기서 시편 기자는 그저 하나님의 법도들을 열거하거나 그에 관한 이야기를 늘어놓는 데 그치지 않습니다. 오히려 그는 그 규례들을 깊이 묵상하며 자기 마음속에 두고 있습니다. 나아가 이 시편 전체를 훑어보면, 그가 성경에 진지한 관심과 주의를 기울이기로 굳게 다짐하는 여러 다른 구절을 발견할 수 있습니다. 시편 기자는 분명 하나님의 말씀을 묵상하고 있습니다. 그런데 그 묵상의 목적은 그저 몇 곡의 경건한 노래를 지어 자신의 지친 마음을 잠시 달래려는 데 있지 않습니다. 오히려 그는 신중한 태도로 꾸준히 성경을 연구하며, 그 일에서 큰 기쁨과 즐거움을 얻습니다. 이는 우리 신자들이 마땅히 본받아야 할 모습입니다.

그가 이처럼 하나님의 율법 연구에 우선순위를 두는 이유는 무엇일까요? 이는 성경을 더 깊이 알 때, 죄를 피할 능력도 커진다고 믿기 때문입니다. 오늘날의 비유로 표현하자면, 그는 하나님 말씀이 죄라는 세균을 제거하는 소독약과 같다고 여긴 것입니다. 다음은 성경이 그 일을 수행하는 몇 가지 방식입니다.

- 성경은 우리로 하나님의 마음에 더 가까이 다가가게 합니다. 따라서 그 말씀을 깊이 알 때, 우리는 죄의 위험성을 더 민감하게 헤아리게 됩니다. 이때 우리는 하나님의 우선순위들을 명확히 의식하며, 우리가 속한 전통의 편견이나 율법주의를 그저 맹목적으로 받아들이지 않게 됩니다.
- 성경에는 우리가 노출되는 여러 유혹에 관한 사례들이 담겨 있습니다. 하나님이 그 사례들을 그 안에 기록해 두신 것은 바로 우리의 유익을 위함입니다. 그러므로 성경을 읽을 때, 우리는 늘 이렇게 질문해야 합니다. "이 본문에 등장한 이야기는 내가 따라야 할 본보기일까, 아니면 피해야 할 과오일까?" 성경의 이야기들은 우리 자신의 죄에 대한 감각, 혹은 일종의 '죄 감지 센서'를 키워 주는 측면에서 깊은 감화력을 지닙니다.

- 성경은 우리에게 유혹에 맞설 강력한 무기를 제공합니다. 바울은 하나님 말씀을 "성령의 검"으로 묘사합니다(엡 6:17). 성령의 영감으로 기록된 성경의 가르침으로 우리의 마음과 생각을 가득 채울 때, 우리는 장래의 전투를 치를 준비를 충실히 갖추게 됩니다.
- 성경은 우리의 위장과 허식을 가차 없이 폭로하고 드러냅니다. 이는 그 말씀이 "좌우에 날선 어떤 검보다도 예리하[기]" 때문입니다(히 4:12). 제 경험상, 그 효과 중 하나는 성경이 자신의 죄를 덮고 감추려는 우리의 성향을 금세 좌절시킨다는 데 있습니다. 우리가 왜 그런 일을 저지를 수밖에 없었는지, 또는 그것이 왜 다른 사람 책임인지에 관해 온갖 핑계를 대면서 변명할 때, 성경은 그 자리에서 우리를 이렇게 일깨웁니다. "지금 감히 누구를 속이려 드는 거야? 친구야, 정신 차려."
- 성경은 우리의 착각에 관해 따끔하게 경고합니다. 우리는 흔히 이런 생각을 품곤 합니다. '나는 그 일에 대해 아무 벌을 받지 않고 넘어갈 수 있어. 아무도 모를 거야.' 하지만 성경은 이렇게 확언합니다. "너희 죄가 반드시 너희를 찾아낼 줄 알라"(민 32:23).
- 성경은 우리의 희망적인 생각에 이의를 제기합니다. 사람들은 이렇게 생각할 수 있습니다. '하나님은 내가 하는 일을 전혀 신경 쓰지 않으실 거야. 그분은 무척 너그러우시니까 이런 일을

가지고 뭐라 하지 않으실 게 틀림없어.' 하지만 이에 관해 성경은 다음의 엄중한 경고로 응답합니다. "스스로 속이지 말라. 하나님은 업신여김을 받지 아니하시나니 사람이 무엇으로 심든지 그대로 거두리라"(갈 6:7).

성경을 우리의 마음과 생각, 몸과 영혼 속에 깊이 받아들일수록 죄 짓는 일이 점점 더 불편하게 다가오기 마련입니다. 성경은 우리의 양심을 일깨워 회개하는 마음으로 하나님을 향해 돌이키게 합니다. 이때 우리는 그분을 기쁘시게 하는 삶을 살려는 간절한 열망을 품게 됩니다. 그렇기에 그 말씀의 가르침을 여러분 마음속에 최대한 깊이 새기기를 바랍니다.

- 개인 또는 소그룹 성경공부에서 하나님의 말씀을 어떻게 묵상하면 좋을지 함께 나누어 보십시오. '묵상'에는 어떤 과정이 포함될까요?
- 여러분의 삶에서 성경이 소독제 역할을 했던 사례들을 나누어 보십시오.

2. 우리의 의지를 단련하기(30, 101, 106, 112절)

시편 119편은 시편 기자의 굳센 결의로 가득 차 있습니다. 시편 기자는 자신이 무엇을 **하기로 했고** 무엇을 하지 않기로 했는지에 대해 분명한 입장을 보입니다. 그는 선을 행하기로 **선택하고**, 악은 행하지 않기로 **선택할** 것입니다. 우리로서는 그가 자신의 결심을 지키는 데 얼마나 성공하거나 실패했는지를 알 길이 없습니다. 시편 기자도 우리와 마찬가지로 연약한 인간이었기에, 자주 넘어졌을 것이 분명합니다. 하지만 중요한 점은 그가 죄 짓는 길을 피하기로 굳게 다짐했다는 것입니다. 그리고 그는 하나님의 말씀을 연구함으로써 자신의 지성을 단련하는 한편, 자신의 의지 역시 선한 방향으로 강화할 필요가 있음을 알았습니다. 이에 관한 다음 구절들을 읽어 보십시오.

> 내가 성실한 길을 택하고
> 주의 규례들을 내 앞에 두었나이다. (30절)

> 내가 주의 말씀을 지키려고 발을 금하여
> 모든 악한 길로 가지 아니하였사오며. (101절)

30절에서는 그가 품은 의지의 적극적인 측면(그가 행하려고 하는 일)을, 그리고 101절에서는 그 의지의 소극적인 측면(그가 피하려고 하는 일)을 보여 줍니다. 그는 자신이 선택한 길이 어느 쪽인지를 분명히 알며, 그 길에 깊이 헌신하고 있습니다.

주의 의로운 규례들을 지키기로
맹세하고 굳게 정하였나이다. (106절)

내 마지막 순간까지, 변함 없이
주님의 율례를 지키기로 결심하였습니다. (112절, 새번역)

이 장기적인 목표를 염두에 두지 않을 때, 우리는 순간의 충동에 쉽게 좌우되는 사람이 되고 맙니다. 아침에 눈을 떠서 '오늘은 뭘 하면 좋을까?' 하고 궁리할 때 머릿속에 얼른 떠오르는 생각들을 좇아 행하는 것이지요. 지금도 많은 사람이 그런 식으로 살아가고 있습니다. 우리는 어떤 일에 오래 헌신하기를 두려워하며, 매사에 단기적인 관점으로 접근하는 쪽을 선호합니다. 그리고 이로 인해 어떤 그리스도인들은 매우 안일한 태도로 자신의 삶을 허비하곤 합니다. 하지만 우리가 어떤 일을 "마지막 순간까지" 행하기로 굳게 다짐할 때, 주위 사람들과는 상당히 다른 모습으로 살아가게 될 것입니다.

여기서 죄가 **선택과 의지**의 문제임을 인식하는 것이 중요합니다. 물론 죄는 유혹, 속임, 꾐의 문제이기도 하며, 때로는 장애물을 미처 보기도 전에 걸려 넘어지기도 합니다. 그렇다고 해서 유혹이 찾아올 때마다 죄를 범해야 하는 것은 아닙니다.

성경에 기록된 최초의 죄는 선택에 근거한 행위였습니다. 당시 하와는 뱀과의 대화를 통해 하나님의 의도와 선하심을 의심하게 되었습니다. 하지만 이후에 하나님이 심판하기 위해 부르시기 전까지 뱀은 그 이야기에서 더 이상 어떤 역할도 맡지 않았습니다. 이를테면 뱀이 갓 짜낸 과일즙을 가져다가 하와의 입속에 강제로 넣은 게 아니었습니다. 하와가 선악과를 보고, 생각하고, 따서, 먹고, 주자, 아담 역시 먹었던 것입니다. 이처럼 아담과 하와는 불순종의 길을 **스스로 선택했습니다**. 다른 누군가가 그 일을 억지로 시킨 것이 아니었습니다.

이 말이 이상하게 들릴지 모르지만, 우리는 죄를 지을 필요가 없습니다. 이렇게 설명해 볼까요? '우리가 죄를 지을 필요가 없다'는 말은 우리가 죄 없이 지내거나 도덕적으로 완전한 삶을 살 수 있다는 뜻이 아닙니다. 우리는 **누구나** 죄를 짓습니다. 이는 우리가 죄의 혈통 아래서 태어났기 때문입니다. 우리는 다 아담 안에서 타락했으며, 죄는 곧 그 인간 본성의 일부입니다. 실제로 사도 요한이 언급했듯이, 우리가 죄를 짓지 않는다고 말한다면 스스로를 속이고 하나님을 거짓말쟁이로 치부하는 셈이 됩니다(요일 1:8-10). 하지만 이렇게 죄를 짓는 성향을 날 때부터 지닌다고 해서, 우리의 선택과 행실에 대한 도덕적 책임이 우리 자신에게 있다는 사실이 없어지는 것은 아닙니다. 죄의 본질은 어떤 일을 범해서는 안 된다는 것을 **알면서도** 그 일을 선택하며, 어떤 일을 마땅히 행해야 한다는 것을 **알**

면서도 그 일을 피하는 것입니다. 이것은 곧 바울이 로마서 7장에서 씨름한 하나의 경험적인 사실입니다. 죄는 우리가 내리는 선택입니다. 우리가 죄를 짓는 것은 외부의 강압 때문이 아닙니다. 우리는 자기 의사와 무관하게 움직이는 로봇이나 꼭두각시가 아니며, 주어진 본능대로 움직이는 동물에 그치지도 않습니다. 우리는 도덕 의식을 지닌 인격체로서, 하나님에게서 선택할 수 있는 능력과 자유 의지를 선물로 받았습니다.

따라서 우리 자신의 **의지**를 하나님의 뜻에 부합하는 방향으로 강화하는 일이 꼭 필요합니다. 시편 기자와 마찬가지로, 우리는 무엇을 행하고 또 행하지 않을 것인지를 깊이 숙고하고 결정하며 그에 따라 실천해 나가야 합니다.

물론 우리는 누구나 그 일에 자주 실패합니다. 하지만 그럴지라도, 하나님이 우리 삶 속에 역사하셔서 우리의 의지를 하나님의 뜻대로 빚어 가시기를 간구하며 힘써 노력할 필요성이 사라지는 것은 아닙니다. 성령님은 지금도 우리 안에 계속 내주하시면서 우리가 성령님의 뜻을 좇아 선택하고 행하도록 늘 설득하십니다.

성경에서 한 가지 사례를 살펴봅시다. 보디발의 아내에게 성적인 유혹을 받았을 때, 요셉은 어떻게 행했나요? 그는 그 유혹에 철저히 저항하면서 자신의 우선순위가 선량한 주인이자 후원자인 보디발과 하나님에게 헌신하는 데 있음을 분명히 했습니다. 그 여인이 "날마다" 추파를 던졌지만, 이런 요셉의 결심은 전혀 흔들리지 않았습니다. 그리고 마침내 여인이 요셉의 옷을 잡아끌면서 유혹했을 때, 그는 자기 옷을 그곳에 버려두고 얼른 바깥으로 도망쳤습니다(창 39:7-12).

이처럼 우리가 일찍 마음을 정할수록, 이후에 닥쳐올 더 고된 시험에 맞설 힘이 강해질 것입니다. 어떤 회사에서 인턴 회계사로 근무하는 한 청년이 있었습니다. 어느 날 그 회사의 한 임원이 조작된 내용이 담긴 서류에 서명할 것을 요구해 왔습니다. 이에 그는 깊은 양심의 동요를 느꼈습니다. 자신이 그런 직업 윤리에 결코 동의할 수 없음을 알았기 때문입니다. 하지만 그 요구를 거절할 경우, 성공의 기회가 위태로워질 뿐 아니라 향후 다른 곳에 취업할 때도 좋은 추천서를 받지 못하게 될 수 있었습니다. 청년과 나는 이런 곤경에 관해 이야기를 나누면서, 하나님이 정직과 순전함을 중시하신다고 언급하는 여러 성경 본문을 살폈습니다. 그리고 그분의 기준을 좇아 살아가는 삶에는 분명한 대가가 따른다는 점을 함께 묵상했습니다.

물론 우리는 자신의 결심을 끝까지 고수하는 데 종종 실패하곤 합니다. 성경은 당시 하나님 백성들이 거둔 성공뿐 아니라 처절한 실패까지 그대로 기록합니다. 예수님이 사역하실 당시, 베드로는 다른 제자들과 함께 예수님을 부인하지 않고 죽기까지 따를 것을 장담했습니다. 그러나 막상 환난이 닥쳐오자, 베드로와 요한을 제외한 제자들은 일제히 예수님을 버리고 도망쳤습니다. 그리고 베드로는 자신이 예수님을 안다는 사실조차 부인했습니다. 처음에 품었던 그의 선한 결심은 고작 세 시간 정도 지속되었을 뿐입니다. 이 얼마나 비참한 실패인가요! 하지만 베드로의 이 연약함과 실패 이후에도, 부활하신 예수님은 그를 사랑으로 회복시키시고 다시금 그에게 사명을 맡기셨습니다. 실패자였던 베드로는 이제 용서받은 자가 되었습니다. 그리고 이 경험에 근거해 우리 그리스도인들을 위해 자신의 두 서신을 기록했습니다.

- "성실한 길을 택하[는]" 것이 무엇을 뜻하는지 함께 나누어 보세요. 이는 여러분 자신의 경험과 환경과 어떤 관련이 있을까요?
- 여러분은 적극적인 순종과 소극적인 회피 가운데 어느 쪽이 더 어렵다고 보나요? 그 이유는 무엇인가요?
- 106절에서 시편 기자는 자신이 규례들을 지키기로 "맹세"했다고 언급합니다. 오늘날의 문화적인 맥락에서 '맹세'에 해당하는 것은 무엇일까요?
- 다니엘 1장을 읽어 보십시오. 다니엘과 그의 친구들은 어떤 식으로 하나님을 높이겠다고 결심했으며, 이에 관련해 어떤 대가를 감수했나요?

더 깊이 나아가기

베드로전서 5:8-10을 읽어 보십시오.

베드로는 우리가 무엇을 해야 한다고 언급하며, 이에 대한 응답으로 하나님이 어떤 일을 이루어 주실 것이라고 약속하나요? 이와 유사한 본문으로, 야고보서 4:7-10을 살펴보십시오. 이 두 본문의 가르침 모두 우리의 의지와 연관된다는 점에 유의할 필요가 있습니다. 우리는 자신의 의지를 행사하며, 하나님은 우리의 의지를 강화시키십니다.

묵상과 토론을 위한 질문

여러분의 인생에서 굳은 의지와 결심으로 큰 유혹을 물리치고 애써 옳은 길을 선택한 적이 있나요? 그 일에는 어떤 대가가 따랐나요? 그리고 그 결과는 무엇이었나요?

7. 죄 피하기: 우리의 감정과 믿음을 견고하게

119:73-80, 153-160

목표: 하나님의 긍휼과 자비를 향한 우리의 믿음을 북돋우기

주제에 집중하기

6장에서 우리는 죄를 피하기 위한 노력에 우리의 지성을 단련해 하나님의 말씀을 깊이 생각하며, 우리의 의지를 단련해 하나님의 뜻에 따라 선택하고 행동하는 일이 포함된다는 점을 살펴보았습니다. 하지만 시편 119편 기자는 머릿속에 성경과 올바른 교리에 대한 냉랭한 지식만 가득한 지성주의자가 아니었습니다. 뿐만 아니라 강철 같은 의지만으로 자신의 삶을 통제하는 무정한 규율주의자도 아니었습니다. 그와 정반대로, 시편 기자는 매우 풍성한 감수성을 지닌 자로서 자신의 깊은 감정을 망설임 없이 표현했습니다. 이제 이 장에서 우리는 바로 이 감정과 믿음의 관점에서 죄에 대한 우리의 반응 문제를 다루어 보려 합니다.

읽기: 시편 119:73-80, 153-160

핵심 구절: 시편 119:132

개요

1. 우리의 감정을 훈련하기(53, 104, 128, 136, 158, 163절)

2. 우리의 믿음을 훈련하기(11, 29, 41, 76, 77, 132절)

요한계시록에서는 감정적으로 미적지근한 그리스도인이 되는 일의 위험성을 강력히 경고합니다(계 3:15-17). 그러면 우리는 이 위험성을 어떻게 피할 수 있을까요? 한 가지 방법은 이 시편 기자에게서 교훈을 얻어 자신의 죄를 깊이 자각할 수 있게 우리의 감정을 단련하는 것입니다. 그리고 또 다른 방법은 죄에 대한 하나님의 판단을 온전히 받아들일 수 있게 우리의 믿음을 단련하는 것입니다.

1. 우리의 감정을 단련하기(53, 104, 128, 136, 158, 163절)

시편 기자가 가장 자주 깊고 열렬하게 드러내는 감정 중 하나는 죄와 악에 대한 반발심입니다. 이제 아래 구절들을 읽으면서 그가 느낀 감정들을 여러분 자신의 말로 표현해 보십시오.

주의 율법을 버린 악인들로 말미암아

내가 맹렬한 분노에 사로잡혔나이다. (53절)

주의 법도들로 말미암아 내가 명철하게 되었으므로
모든 거짓 행위를 미워하나이다. (104절; 128절도 보라)

그들이 주의 법을 지키지 아니하므로
내 눈물이 시냇물같이 흐르나이다. (136절)

주의 말씀을 지키지 아니하는 거짓된 자들을
내가 보고 슬퍼하였나이다. (158절)

나는 거짓을 미워하며 싫어하고
주의 율법을 사랑하나이다. (163절)

이처럼 시편 기자는 실로 깊고 풍성한 감정들을 드러냅니다! 그 이유 중 하나는 그의 마음이 성경의 교훈들로 가득 차 있어서 죄에 대한 하나님의 감정과 태도를 반영하거나 공명했기 때문일 것입니다. 이후 구약의 예언자들 역시 같은 일을 했습니다. 하나님의 모든 감정이 그들의 메시지 안에 고스란히 드러납니다. 진노와 슬픔, 불신과 혐오, 배신감과 좌절감, 더 나은 시대와 상황을 향한 갈망 등이 그것입니다.

시편 기자가 이같이 강렬한 감정을 토로하는 것을 접할 때, 이를 탐탁잖게 여기는 사람들도 있습니다. 하지만 하나님이 친히 인간의 죄와 악에 대해 그렇게 느끼신다면, 우리 역시 그런 감정을 품는 것이 마땅하지 않을까요? 우리는 인간의 사악함에 대한 하나님의 혐오를 공유하면서도, 그들의 존재 자체를 미워하거나 학대하는 허물에 빠지지 않도록 부름받았습니다. 이것은 쉽지 않은 일이지만, 우리의 삶에 꼭 필요한 태도입니다. 나아가 자신의 죄를 민감히 의식하는 지혜를 주시도록 하나님에게 더욱 간절히 기도해야 하지 않을까요?

우리가 죄를 짓고도 아무렇지 않다면, 이는 우리 마음이 하나님의 마음과 심각하게 단절된 상태에 있기 때문입니다. 하지만 우리 마음과 생각이 하나님의 말씀으로 가득 찰 때, 우리의 감정 역시 그분의 감정을 닮게 됩니다. 그러다 세상과 자신의 죄에 대해 깊은 반감을 품게 되는 것입니다.

그런데 이 모든 논의는 시편 119편이 그저 자기 신앙은 자기가 챙기는 DIY 기독교 영성 훈련 과정의 또 다른 형태일 뿐임을 시사하는 걸까요? 이를테면 그 내용을 '죄 피하기 3단계 방법'이라는 제목의 실용서로 출간할 수 있을까요? 어떤 사람들은 마치 날마다 성경을 읽고 긍정적으로 생각하면서 자신의 감정을 잘 헤아리기만 하면 모든 문제가 해결될 것처럼 받아들일지도 모릅니다.

하지만 그런 생각은 우리의 요점을 완전히 오해하는 것입니다. 어떤 규율들을 지키는 것만으로 죄의 문제를 해결할 수 있다는 생각은 율법주의며, 이 시편 기자는 분명히 그런 태도를 따르지 않았습니다. 나아가 우리의 노력만으로 그 문제를 극복할 수 있다는 생각은 성경 전체의 가르침과 뚜렷이 상반됩니다. 물론 시편 기자가 하나님에게 죄 짓는 일을 피하려고 최선을 다했던 것은 분명한 사실입니다. 그는 자신의 모든 지성과 의지, 감정을 동원해 죄의 유혹에 저항했으며, 오늘날 우리 역시 마땅히 그리해야 합니다. 그런데 다른 한편, 시편 기자는 죄 문제의 최종적인 해답이 자신의 능력 안에 있지 않다는 것을 잘 알았습니다. 그렇기에 그는 자신의 감정뿐 아니라 믿음 역시 단련해야 했던 것입니다.

• 요한계시록 3:15-17의 라오디게아 교회를 향한 경고를 읽어 보십시오. 죄 문제를 바라보는 방식과 관련해 이 본문에서 얻을 수 있는 교훈은 무엇일까요? 감정적으로 미적지근한 그리스도인이 되는 일이 지닌 위험성은 무엇일까요?

2. 우리의 믿음을 단련하기(11, 29, 41, 76, 77, 132절)

이 책 서론에서 저는 시편 119편이 주로 율법에 관한 것이 아니라 하나님에 관한 것이며, 특히 시편 기자와 하나님의 관계를 다룬다고 말했습니다. 그는 단순히 '규정이 규정이니까' 규정을 지켜야 한다고 주장하는 사람이 아니었습니다. 11절에서 그는 하나님의 법도를 준수하려는 이유를 다음과 같이 고백합니다.

> 내가 주께 범죄하지 아니하려 하여
> 주의 말씀을 내 마음에 두었나이다.

시편 기자는 하나님과의 관계를 실로 소중히 여겼기에, 자신의 삶이 죄와 어리석음으로 손상되지 않기를 원했습니다. 그는 자기가 죄를 범할 때, 그 깨어진 관계의 회복에 대한 응답이 하나님 편에서 주어져야만 한다는 것을 알고 있었습니다.

그러면 우리는 이 시편 기자의 삶에 아무 소망이 없었다고 여겨야 할까요? 과연 '구약의 하나님'을 섬기는 이 불쌍한 신자는 마침내 신약의 시대가 임하기 전까지 어떤 은혜나 죄 사함도 기대할 수 없었을까요?

이러한 주장은 구약과 성경 전체의 하나님에 관한 매우 그릇된 생각을 보여 줍니다! 안타깝게도 널리 퍼진 이 관점은 요한복음에 나오는 다음 구절에 대한 오해에서 비롯될 때가 많습니다. "율법은 모세로 말미암아 주어진 것이요 은혜와 진리는 예수 그리스도로 말미암아 온 것이라”(요 1:17). 사람들은 때로 이 구절에 담긴 두 개념 사이에 ‘그러나’를 덧붙이면서, 이 둘이 서로 대조되는 것처럼 여깁니다. 하지만 실제로는 그렇지 않습니다. 오히려 두 번째 개념은 첫 번째 개념에 더 심오한 깊이를 더해 주는 역할을 합니다. 따라서 이 두 명제 사이에 무언가를 덧붙이려 한다면, “그렇다, 그리고”(yes, and)가 되어야 할 것입니다. 나아가 “은혜와 진리가 **온 것이라**(came)”라는 번역은 그리 좋지 않습니다. 오히려 여기서 요한은 이렇게 말하고 있습니다. “은혜와 진리가 **되신 것이라**(became).” 곧 하나님의 은혜와 진리가 예수님의 인격 안에서 가시적이고 실제적이며 인식 가능하게 되었다는 것입니다. 여기서 그는 구약에 은혜나 진리가 아예 없었음을 암시하지 않습니다! 오히려 그와 정반대입니다. 하나님이 모세를 통해 율법을 주신 일은 그 자체로 그분의 깊은 은혜가 담긴 행위였습니다. 그렇기에 요한은 다음과 같이 선포합니다. “우리가 모두 이미 주어졌던 은혜를 넘어서는 은혜를 받았느니라”(요 1:16, NIV).

이제 시편 기자의 말을 직접 들어 봅시다. 가능하다면 천천히 큰 소리로 다음 구절들을 읽으면서 그 의미를 음미해 보십시오. 그가 하나님의 성품과 태도를 어떻게 묘사하고 있는지 묵상해 보십시오.

거짓 행위를 내게서 떠나게 하시고
주의 법을 내게 **은혜로이** 베푸소서. (29절)

여호와여, 주의 말씀대로 주의 **인자하심**과
주의 구원을 내게 임하게 하소서. (41절)

구하오니 주의 종에게 하신 말씀대로
주의 **인자하심**이 나의 위안이 되게 하시며. (76절)

주의 **긍휼히 여기심이** 내게 임하사 내가 살게 하소서.
주의 법은 나의 즐거움이니이다. (77절)

주의 이름을 사랑하는 자들에게 베푸시던 대로
내게 돌이키사 내게 **자비**를 베푸소서. (132절, NIV)

위의 구절들에 대해 생각해 보십시오. 그 의미가 여러분 마음에 다가왔나요? 여기서 시편 기자는 하나님에게 "은혜"를 베풀어 달라고 간구하면서 하나님의 "인자하심"과 "긍휼히 여기심", 그리고 "자비"에 대해 언급합니다. 그런데 이 중에서 그리스도인인 우리가 하나님 앞에 죄를 고백할 때 찾거나 의지하지 않는 것이 있습니까? 우리는 물론 죄를 피하려고 최선을 다해야 합니다. 하지만 우리의 죄에 대한 진정한 해답은 오직 하나님에게 있으며, 더욱 구체적으로는 하나님의 은혜, 사랑, 구원, 위로, 긍휼, 자비 안에 있습니다. 시편 기자를 비롯한 구약의 신자들은 자신들이 섬기는 하나님이 이런 분이심을 알고 사랑했던 것입니다.

그러면 시편 기자는 이스라엘의 주 하나님이 이런 성품을 지니신 분임을 어떻게 알았을까요? 율법과 은혜를 같은 맥락에서 언급하는 29절에서 그 답을 찾을 수 있습니다. "주의 법을 내게 은혜로이 베푸소서." 그런데 여기서 의문점이 생깁니다. 주의 법이 어떻게 하나님의 사랑과 은혜를 드러내는 걸까요?

이 질문에 답할 때, 우리는 무엇보다 이스라엘 백성에게 '율법'이 토라, 곧 창세기부터 신명기에 이르기까지 다섯 권의 책으로 구성된 모세오경을 의미했음을 기억해야 합니다. 이 다섯 권의 책 가운데 이스라엘 백성에게 하나님의 성품을 가장 생생히 들려주었을 이야기는 아마도 그분이 시내산에서 자신의 뜻을 거역하고 금송아지를 숭배했던 이스라엘 백성을 용서하신 사건일 것입니다(출 32-34장). 그 이야기는 시편 기자가 하나님을 어떻게 위와 같은 방식으로 이해할 수 있었는지를 설명해 줍니다. 그 이야기에 근거해 그는 하나님의 법을 언급하는 동시에 그분의 은혜에 호소할 수 있었던 것입니다. 하나님은 시내산에서 처음으로 이스라엘 백성에게 자신의 율법을 계시하셨으며, 성경 전체에 걸쳐 거듭 울려 퍼지는 다음의 웅장한 선포 가운데서 자신의 이름과 성품을 모세에게 드러내셨습니다.

> 여호와께서 그의 앞으로 지나시며 선포하시되 "여호와라, 여호와라, 자비롭고 은혜롭고 노하기를 더디하고 인자와 진실이 많은 하나님이라. 인자를 천대까지 베풀며 악과 과실과 죄를 용서하리라. 그러나 벌을 면제하지는 아니하고." (출 34:6-7)

'구약의 하나님'은 바로 이와 같은 방식으로 자신을 드러내고 규정하신 것입니다.

우리는 물론 궁극적으로 오직 십자가의 빛에서 하나님의 의와 자비를 말할 수 있음을 압니다. 십자가에서 하나님의 성품이 마침내 온전히 드러났기 때문입니다. 하나님의 진노와 자비, 심판과 은혜, 죄에 대한 정죄와 죄인들을 향한 사랑이 그곳에서 드러났습니다.

그런데 히브리서 11장에서는, 구약의 신자들 역시 하나님이 그리스도의 십자가를 통해 구속하신 백성들의 위대한 공동체에 속해 있다고 말씀합니다. 여기서 저는 지금 하늘에 있는 그들이 하나님의 자기 희생적인 사랑이 생생히 드러난 위대한 사건을 목도하면서 이렇게 고백하는 모습을 상상하게 됩니다. "저분이 바로 우리의 하나님이십니다. 우리는 오직 그분만이 이같이 행하실 수 있음을 압니다. 그분은 사랑과 인내, 은혜와 자비, 용서의 하나님이십니다. 우리는 그것을 이미 알았으며, 여러분에게 그 진리를 표현할 어휘들을 남겼습니다. 이 어휘들은 여러분의 것이 되기 전에 하나님을 향한 **우리의** 고백이었습니다. 우리는 인간의 죄 문제에 대한 해답이 오직 하나님의 자비에 달려 있음을 여러분에게 힘써 알렸으며, 이제 그분은 십자가에서 친히 자신의 사랑을 입증하셨습니다."

다행히 갈보리 사건 이후를 살아가는 우리는 역사 속에 드러난 하나님의 사랑을 충분히 알고 있습니다. 그런데 제 생각에 우리를 용서하시는 그분의 은혜에 대한 경이감을 드러내는 측면에서 구약의 언어보다 탁월한 것은 없습니다. 겸손히 회개하며 하나님에게로 돌이키려 할 때마다 저는 ('묵상과 토론을 위한 질문'에서 제시된 것과 같은) 구약의 위대한 본문들을 펼쳐 그 무한한 은혜의 말씀을 다시 듣곤 합니다. 그리고 이 일은 아마 여러분에게도 충분한 유익을 줄 것입니다.

- 창세기에서 신명기에 이르는 책에서 하나님의 은혜와 자비를 보여 주는 다른 이야기로는 또 어떤 것이 있을까요?
- 시편 기자의 놀라운 신앙고백에 담긴 장엄함과 위로를 깊이 묵상하고, 그와 함께 하나님의 은혜에 감사하는 시간을 가져 보십시오.

더 깊이 나아가기

마태복음 27:27-56에 나오는 십자가 사건 이야기를 다시 읽어 보십시오.

예수님이 우리를 위해 죽으신 일의 의미를 묵상하는 시간을 가져 보십시오. 하나님 앞에 나아가 그분이 우리를 위해 행하신 일에 대한 고마움과 감사를 표현해 보십시오.

묵상과 토론을 위한 질문

괄호 안에 열거된 성경 구절 중 몇 개를 골라 우리가 하나님에게서 용서받는 일이 무엇을 의미하며 그 일이 우리 삶에 어떤 변화를 가져오는지를 개인적으로나 소그룹에서 함께 묵상하는 시간을 가져 보십시오(시 25:6-11; 32:1-5; 103:8-14; 130:3-4; 사 43:25, 55:6-7; 57:15-18; 겔 18:21-22; 36:25-26; 미 7:18-19).

두 장에 걸쳐 우리는 죄를 피하는 문제에 대해 살펴보았습니다. 여러분이 설교자라면, 가혹한 심판자의 태도를 취하거나 스스로 완벽한 사람인 듯 오만하게 들리지 않으면서 사람들이 죄를 자각하고 피하도록 도우려면 어떻게 설교해야 할까요?

사람들의 죄를 드러내는 것과 하나님의 은혜를 전하는 것 사이에서 어떻게 균형을 잡을 수 있을까요?

* 4부. 개인적인 고통과 탄식의 말씀 시 119:81-88

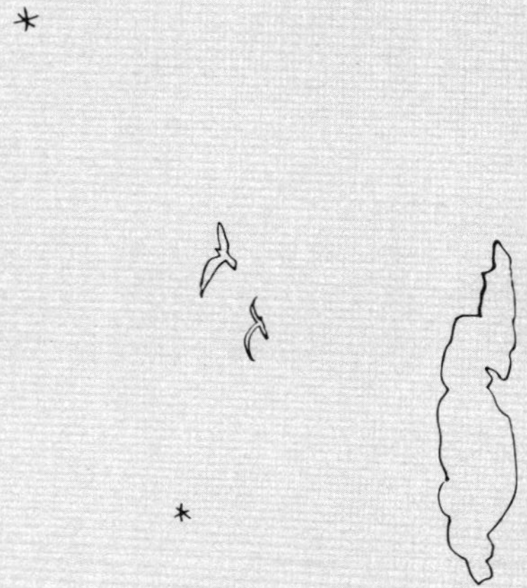

지금 우리가 '시편'이라 부르는 책의 이름은 원래 히브리어로 '찬양'을 의미합니다. 그렇다 보니 시편에서 가장 큰 비중을 차지하는 시들의 범주가 '탄식시'라는 점은 다소 이상하게 여겨집니다! 아마 이 점은 과거의 이스라엘 백성보다 오늘날 우리에게 더욱 놀랍게 다가올 것입니다. 이는 우리가 '찬양'을 그저 흥겹고 유쾌한 기쁨과 감사의 표현 정도로 간주해 왔기 때문입니다. 하지만 이스라엘 백성에게 찬양은 그 이상의 의미를 지닌 것이었습니다. 그들에게 하나님을 찬양하는 일은 곧 삶의 모든 상황 속에서 하나님이 임재하시고 개입하심을 인정하는 것을 의미했습니다. 그렇기에 그들은 삶이 어려울 때도 하나님에게 돌아서서 때로는 탄식과 항변 가운데 자신들의 모든 사정을 쏟아 놓았습니다. 이 역시 찬양의 한 형태였습니다. 자신들이 친밀하게 알고 사랑하며 신뢰했던 하나님에게 드리는 호소였기 때문입니다. 하나님을 떠나고 더 이상 예배하지 못하게 하려는 주위의 온갖 유혹 속에서도 그들은 여전히 하나님 앞으로 나아가기를 원했습니다.

시편의 탄식시들은 모두 아래와 같이 진행되는 경향이 있습니다.

- 하나님, 제가 상처를 받았습니다.
- 하나님, 주위의 모든 이들이 저를 공격하고 조롱합니다.

- 하나님, 지금 당신은 저를 돕지 않으시는 듯합니다.
- 하나님, 저는 여전히 당신을 신뢰합니다. 하지만 언제까지 이런 상황을 내버려 두실 건가요?

저는 시편 35편, 43편, 70편을 잠시 살펴볼 것을 추천합니다. 이런 패턴에 대한 훌륭한 예들이기 때문입니다.

시편 119편은 엄밀한 의미에서 탄식시라 할 수 없습니다. 지금까지 우리가 보아 왔듯이, 그 속에 다른 여러 요소들도 포함되어 있기 때문입니다. 하지만 119편 안에 많은 슬픔과 애통이 담겨 있는 것 역시 사실입니다. 당시 시편 기자는 고난의 때를 겪으면서 깊은 고통과 불안, 두려움과 혼란에 맞서 씨름하고 있었던 것이 분명합니다. 119편 앞부분에서 그는 자신이 땅에서 "나그네"가 된 것 같으며(19절), 마지막 절에서도 여전히 자신이 "잃은 양"같이 느껴진다고 고백합니다(176절). 그는 결코 행복하거나 편안하지 않았습니다. 이제 이어지는 세 장에서 그의 삶이 지녔던 다음 세 가지 측면을 살펴보겠습니다.

- **그의 곤경.** 시편 기자는 자신을 향한 사람들의 경멸과 비방, 심지어 음모까지 감내하고 있었습니다.
- **그의 반응.** 시편 기자는 이스라엘 사회의 사악한 면에 깊은 충격을 받았으며, 정서적으로 혹독한 대가를 치렀습니다.

- **그의 두 가지 응답.** 시편 기자는 하나님에게 도움을 구하며 부르짖는 것, 그리고 굳은 각오와 결심을 품고 앞으로 전진하는 것이 서로 모순된다고 여기지 않았습니다.

8. 삶이 힘겨워질 때

119:19-25, 81-88, 141-147

목표: 우리에게 닥쳐오는 여러 어려움과 압박에 대처하기

주제에 집중하기

여러분은 때로 삶이 힘겨워질 때 어떻게 반응하나요? 누군가를 몹시 원망하고 불평하거나 이불을 뒤집어쓰고 우나요? 혹은 친한 지인에게 전화를 걸거나 조용히 기도하나요? 시편 기자도 경험했듯이, 핍박과 학대를 직면했을 때 기존의 대응 방식을 내려놓고 하나님을 온전히 신뢰하기가 쉽지 않습니다.

읽기: 시편 119:19-25, 81-88, 141-147

핵심 구절: 시편 119:141

개요

1. **조롱과 경멸이 주는 고통**(22, 42, 141절)

2. **비방과 음모가 주는 고통**(23, 69, 78, 84-86, 95, 110, 121, 134, 157, 161절)

3. **고통과 함께 살아가기**

시편 기자의 삶이 순탄치 않음을 보여 주는 첫 번째 실마리는 자신이 "땅에서 나그네"가 된 것 같다는 그의 진술에 담겨 있습니다(19절). 어떤 이유에서인지 그는 자신이 사람들의 무리에 잘 끼지 못하는 듯한 소외감을 느끼고 있습니다. 앞으로 살펴보겠지만, 사실 이는 기자 자신이 겪은 곤경의 정도를 낮추어 말한 것이었습니다. 실제로 그는 매우 많은 고난을 겪었기 때문입니다.

아마 시편 기자는 자신의 미숙함과 연약함을 잘 아는 청년이었던 듯합니다. 그가 "청년이 무엇으로 그의 행실을 깨끗하게 하리이까?"(9절)라고 물었을 때, 아마도 이것은 그가 개인적으로 고민하던 질문이었을 것입니다. 그는 다른 이들이 자신의 스승이자 연장자임을 의식하고 있었습니다(99, 100절). 이와 동시에 공적이거나 정치적인 지도자 역할을 하고 있었던 것으로 보이는데, 이는 그가 왕이나 통치자들에게도 알려져 있었기 때문입니다(23, 46절). 아마도 그는 비교적 젊은 나이에 공적인 역할을 맡았으며, 차갑고 냉소적인 세상 속에서 자신의 힘으로 감당하기 벅찬 일을 수행해야 했을 것입니다. 그는 깊은 불안을 느끼고 사람들의 격한 반대에 직면한 가운데서도 순전함을 지키려 애를 썼습니다. 비록 자신의 역량에 대해 확신하지 못했지만, 그는 자기 삶과 사역의 토대가 되시는 하나님과 그분의 말씀을 늘 믿고 따르기를 열망했습니다.

이러한 설명이 여러분에게도 낯설지 않게 들리나요? 어쩌면 여러분 자신이 느끼는 감정일지 모릅니다. 갓 직장생활을 시작했거나 험난한 정치 세계에 입문한 그리스도인들 역시 그런 감정을 겪게 될 것입니다. 나아가 여러분이 설교자라면, 여러분의 회중 안에 있는 일부 젊은이들 역시 그런 상황에 있을지 모릅니다.

당시 시편 기자는 특히 두 가지 일로 큰 아픔을 겪었습니다. 그를 향한 다른 이들의 경멸 어린 태도, 그리고 사방에서 그에 관해 퍼져 나가던 중상과 비방이 그것입니다.

1. 조롱과 경멸이 주는 고통(22, 42, 141절)

내가 주의 교훈들을 지켰사오니
비방과 멸시를 내게서 떠나게 하소서. (22절)

그리하시면 내가 나를 비방하는 자들에게 대답할 말이 있사오리니
내가 주의 말씀을 의지함이니이다. (42절)

내가 미천하여 멸시를 당하나
주의 법도를 잊지 아니하였나이다. (141절)

비웃음을 당하거나 경멸의 대상이 되는 것은 무척 고통스럽고 파괴적인 일입니다. 하지만 그런 일은 슬프게도 흔하게 일어납니다. 그것도 아주 어릴 적부터 시작됩니다. 우리는 아이들이 학교에서 신체적, 언어적, 사회적인 방식으로 괴롭힘당하는 모습을 보면서 깊은 당혹감을 느낍니다. 그리고 일부 어른들은 자신을 다른 형제 자매와 부당하게 비교했던 부모의 말로 인한 상처에서 헤어 나오지 못합니다. 또 다른 이들은 직장에서 조롱을 당하거나, 악의적인 인종차별적 또는 성차별적 농담과 그보다 더한 것을 겪기도 합니다.

- 시편 기자는 이러한 조롱과 경멸, 비웃음에 시달리면서도 하나님의 명령에 순종하고 그분의 말씀을 신뢰하겠다고 다짐합니다. 이런 모습을 통해 그의 성품의 어떤 면을 알 수 있을까요?

2. 비방과 음모가 주는 고통(23, 69, 78, 84-86, 95, 110, 121, 134, 157, 161절)

이제 상황은 더욱 심각해집니다. 시편 기자는 그저 비웃음의 대상이 되는 데 그치지 않고, 적어도 상당 기간 동안 심각한 위험에 처했던 것이 분명해 보입니다. 아래에 인용된 슬픈 구절들의 전후 맥락을 보면 이 사실이 더욱 확실해집니다.

고관들도 앉아서 나를 비방하였사오나
주의 종은 주의 율례들을 작은 소리로 읊조렸나이다. (23절)

교만한 자들이 거짓을 지어 나를 치려 하였사오나
나는 전심으로 주의 법도들을 지키리이다. (69절)

교만한 자들이 거짓으로 나를 엎드러뜨렸으니
그들이 수치를 당하게 하소서.
나는 주의 법도들을 작은 소리로 읊조리리이다. (78절)

주의 종의 날이 얼마나 되나이까?
나를 핍박하는 자들을 주께서 언제나 심판하시리이까?
주의 법을 따르지 아니하는 교만한 자들이
나를 해하려고 웅덩이를 팠나이다.
주의 모든 계명들은 신실하니이다.
그들이 이유 없이 나를 핍박하오니 나를 도우소서. (84-86절)

악인들이 나를 멸하려고 엿보오나
나는 주의 증거들만을 생각하겠나이다. (95절)

악인들이 나를 해하려고 올무를 놓았사오나
나는 주의 법도들에서 떠나지 아니하였나이다. (110절)

내가 정의와 공의를 행하였사오니
나를 박해하는 자들에게 나를 넘기지 마옵소서. (121절)

사람의 박해에서 나를 구원하소서.
그리하시면 내가 주의 법도들을 지키리이다. (134절)

나를 핍박하는 자들과 나의 대적들이 많으나
나는 주의 증거들에서 떠나지 아니하였나이다. (157절)

고관들이 거짓으로 나를 핍박하오나
나의 마음은 주의 말씀만 경외하나이다. (161절)

물론 시편 기자가 피해망상에 빠져 이 모든 핍박을 머릿속으로 상상해 냈을 수도 있습니다. 하지만 그보다는 당시 자신이 겪었던 일의 실상을 들려주고 있을 가능성이 더 높습니다. 그가 정말 힘겨운 시기를 보냈던 것입니다. 심지어 오늘날에도 공적이고 정치적인 지도자 위치에 있는 이들에겐 이러한 종류의 공격이 너무나 익숙합니다. 그런 리더십의 세계에서는 배신과 음모, 함정과 부당한 비난, 인격 살해의 위험을 날마다 겪기 때문입니다.

다니엘은 그런 세계의 현실을 잘 알고 있었습니다. 그 역시 한 나라의 고위 공직자였기 때문입니다. 그를 신뢰하는 이들도 있었지만, 그를 미워하고 해치려는 이들도 있었습니다. 당시 동료들과 아랫사람들로부터 받은 증오는 인종차별과 종교적 편견, 그리고 직업적인 질투가 뒤섞인 것이었습니다. 하지만 그의 대적들은 그가 부패하거나 직무를 소홀히 했다는 어떤 증거도 찾지 못했습니다. 그렇기에 그들은 그의 약점이 아니라 그를 가장 두드러지게 만드는 특징인 신앙을 이용해 그를 몰락시키려 했습니다.

- 다니엘 6장을 읽으면서 특히 3-5절을 주의 깊게 살펴보십시오. 그의 경험은 어떤 면에서 시편 119편의 기자가 겪었던 것과 유사하나요? 이 두 본문은 어떤 식으로 우리 자신의 경험을 대변해 주고 있나요?

3. 고통과 함께 살아가기

지금까지 우리는 주로 공적이거나 정치적인 리더십에 대해 생각해 보았습니다. 하지만 다른 여러 지도적인 역할을 감당할 때도 우리는 사람들의 부당한 시기와 오해, 공격에 노출될 수 있습니다. 기독교 리더십 역시 예외가 아닙니다. 사실 오히려 이 분야에서 문제가 더 심각할 때가 있습니다.

- 과거 모세와 마찬가지로, 목회자들과 사역자들은 인도받기를 거부하는 사람들을 이끌려고 하거나, 목이 곧고 강퍅한 이들에게 비전을 나누려고 애쓰다가 혹독한 반대와 비판에 직면할 수 있습니다.
- 타 문화권 선교사들은 물리적인 곤경을 겪기도 합니다. 그들 중 많은 이들이 종교적인 핍박이 있는 곳에서 사역하고 있기 때문입니다. 현지인들이 그들의 순수한 동기를 오해하면서 실질적인 위험이나 고난에 시달리기도 합니다.

그리고 각 분야의 지도자들만 이런 식의 적대를 겪어야 하는 것은 아닙니다. 시편 기자의 고백은 우리가 겪는 다른 여러 상황에도 적용되며, 그중 일부는 아래와 같습니다.

- 비기독교 가정에서 생활하는 그리스도인들은 가족들의 심한 오해와 핍박을 감수해야 할 수 있습니다.
- 적대적인 직장 환경에서 근무하는 그리스도인들은 각종 차별

에 직면할 수 있습니다. 이런 경우 정직과 진실을 옹호하려는 태도는 환영받지 못할 수도 있습니다. 또한 타 종교가 지배하는 국가에서는 그리스도인이라는 이유만으로 승진의 기회를 박탈당하고, 끊임없는 핍박과 괴롭힘의 대상이 되기도 합니다.

- 성경적인 행동 기준을 좇아 살아가기로 선택한 그리스도인 청년들, 특히 성 윤리 영역에서 그리하기로 다짐한 사람들은 사람들의 조롱과 몰이해가 섞인 경멸을 마주하게 됩니다. 어떤 경우 그들에게 일부러 창피를 주려는 사람들의 지속적인 공격에 시달리기도 합니다.

끝으로, 우리 중 많은 이들이 시편 기자가 묘사한 것과 같은 정도의 공격에 시달리지는 않더라도 이런 조롱과 비웃음, 억압과 거짓말이 무엇을 의미하는지를 알고 있습니다. 우리 역시 그러한 사탄의 공격들을 자주 경험하기 때문입니다. 우리는 자신을 엄습해 오는 내면의 소리에 익숙합니다.

- **두려움.** 두려움은 우리를 지치게 하며 약화시킵니다. "너는 성공할 수 없어." "너는 회복되지 못할 거야."
- **자기 비난.** 하나님이 우리의 존재에 관해 말씀하시는 진리를 거부하고 자신에 관한 온갖 부정적인 신념을 고수할 때, 우리는 거짓의 속박 아래 놓이게 됩니다.

- **죄책감.** 사탄은 우리가 실제로 범한 죄에 대한 죄책감과 죄의식을 악용합니다. 그래서 우리가 그 죄를 십자가 앞에 내려놓고 고백하며 용서를 받았음에도 불구하고, 그 오래된 고발자는 우리가 더 이상 짊어질 필요 없는 죄책감으로 우리를 괴롭힙니다.
- **자기 연민과 학대.** 부당한 고통을 실제로 겪을 때, 스스로 피해를 입었다고 끊임없이 **느끼고** 억울함을 호소하는 상태에 빠지는 것은 한 순간입니다. 이것은 거꾸로 된 교만이 되며, 우리 힘으로는 그 사실을 깨닫고 회개하기가 무척 어렵습니다. 그렇기에 사탄은 이 감정을 이용해 우리를 넘어뜨리는 일을 매우 즐깁니다. 그는 우리 속에서 그런 느낌과 감정을 계속 자극할 뿐 아니라 맹렬히 북돋우곤 합니다.

아마 이 '대적' 가운데 일부는 여러분에게도 익숙할 것입니다. 그리고 이보다 많은 사탄의 술수를 열거할 수 있을지도 모릅니다. 하지만 여러분이 어떤 측면에서 이런 일들을 겪었든지 간에, 시편 기자는 여러분이 마주하는 온갖 상황을 미리 대면하고 경험한 사람입니다. 그리고 여러분과 마찬가지로, 그는 그 문제와 깊이 씨름하고 애통하며 때로는 하나님 앞에 간곡히 호소했습니다.

- 성경에서 시편 기자만 이런 고통과 아픔을 겪었던 것은 아닙니다. 욥과 예레미야 역시 극심한 고난을 겪었으며, 그로 인해 차라리 세상에 나지 않았더라면 좋았겠다고 탄식하기까지 했습니다. 그들의 사례를 묵상하고, 여러분이 떠올릴 수 있는 다른 성경 속 사례들에 대해 이야기해 보십시오.
- 우리는 지도자 위치에 있거나 막중한 책임을 부여받은 그리스도인들을 위해 어떻게 기도해야 할까요? 그들을 어떻게 격려할 수 있을까요?

더 깊이 나아가기

예레미야 15:10, 15-18; 20:7-18; 욥기 3장을 읽어 보십시오.

하나님이 시편 기자의 이런 탄식과 항변을 성경의 일부로 삼으신 것은 우리가 험난한 시간을 보낼 때 어떤 면에서 위로가 될까요? 우리가 속한 교회 공동체와 각자의 삶에 이 본문들을 바르게 적용하려면 어떻게 해야 할까요? 우리는 그 구절들을 어떤 정황에서 활용할 수 있을까요?

어떻게 하면 우리의 설교가 가정이나 직장에서 고통을 겪는 교우들의 삶 속으로 들어갈 수 있을까요? 이 시편 일부 구절을 비롯한 하나님의 말씀을 통해 그들의 경험을 목회적으로 다루려면 어떻게 해야 할까요?

묵상과 토론을 위한 질문

이 장의 논의를 마치기 전에, 예수님을 살펴볼 필요가 있습니다. 베드로전서 2:20-23을 읽고, 예수님의 본이 이 장에서 다룬 내용과 어떻게 연관되는지, 그리고 시편 기자가 자신의 문제들을 놓고 기도했던 방식과 어떻게 연관되는지를 묵상해 보십시오.

9. 어떻게 느끼는가?

119:25-28, 81-83, 113-120

목표: 악에 대한 우리의 정서적인 반응들을 정직하게 돌아보기

주제에 집중하기

지금 여러분의 상태는 어떠한가요? 피곤하거나 슬플 수도 있고, 행복하거나 화가 났을 수도 있습니다. 아니면 몇몇 문제에 대해 염려하거나 불안해할 수도 있습니다. 여러분이 그런 기분을 느끼는 이유는 무엇일까요? 이번 주 신문을 한번 펼쳐 보십시오. 기사들을 읽으면서 어떻게 반응하나요? 나라 안팎의 여러 이슈를 접할 때도 개인적인 문제를 대할 때와 동일한 감정을 품게 되나요?

읽기: 시편 119:25-28, 81-83, 113-120

핵심 구절: 시편 119:136

개요

1. **외부의 악**(21, 53, 113, 115, 118-119, 126, 136, 139, 158절)

2. **내부의 고통**(25, 28, 50, 81-83, 92, 107, 139절)

이 시편 기자의 한 가지 특징은 그의 마음 상태가 어떠한지를 우리가 상당히 정확하게 알 수 있다는 데 있습니다. 이는 그가 자신의 생각과 감정을 망설임 없이 드러내기 때문입니다. 그래서 우리는 그가 겪는 모든 압박과 고난이 그에게 어떤 영향을 미치는지를 볼 수 있습니다. 이 장에서 우리는 다음 두 가지 문제를 다루려 합니다. (1) 외부의 악에 대한 그의 반응과 (2) 내부의 고통에 대한 그의 반응이 그것입니다.

이 연구의 목적은 시편 기자가 자기 독자들에게 그러했듯 우리도 자신에게 솔직해지는 데 있습니다. 물론 이것은 결코 쉽지 않은 일이지만, 우리가 하나님과 이웃으로부터 도움을 얻기 위해 꼭 필요한 첫 단계입니다.

1. 외부의 악 (21, 53, 113, 115, 118-119, 126, 136, 139, 158절)

지금 세상에서는 추하고 잔인하며 사악한 악행이 무수히 벌어지고 있습니다. 여러분은 이 모든 일에 어떻게 반응하나요? 신문을 읽거나 TV 뉴스를 시청할 때, 잔인한 학살 장면을 연이어 보거나 아동 성학대에 관한 참담한 소식을 듣거나 거짓과 속임수를 일삼는 부패한 정치인들이 자신은 무고한 피해자라고 주장하는 것을 목격할 때 어떤 생각이 머릿속을 가득 채우나요?

시편 119편 기자는 수동적인 관찰자에 머물지 않습니다. 그는 다른 이들의 악한 행실을 신나게 폭로하면서 자신의 이익을 꾀하는 냉소적인 언론인이 아니었습니다. 유명 인사들의 성 추문에 관해 온갖 자극적인 기사와 헤드라인을 뽑아내면서 자극적인 환상을 부추기는 이들과는 달랐습니다.

그와 정반대로, 시편 기자는 하나님과 그분의 율법을 실로 소중히 여기기에 주위에서 자행되는 노골적인 죄악과 부패를 보면서 깊이 괴로워합니다. 그것은 거의 감당하기 힘들 정도의 고통이었습니다. 다음 구절들에서 그 점을 확인할 수 있습니다. 이 구절들을 읽으면서, 그가 표현하는 여러 감정들을 묵상하고 그 감정들의 원인이 무엇인지를 헤아려 보십시오.

주의 율법을 버린 악인들로 말미암아
내가 맹렬한 분노에 사로잡혔나이다. (53절)

내가 두 마음 품는 자들을 미워하고
주의 법을 사랑하나이다. (113절)

너희 행악자들이여, 나를 떠날지어다.
나는 내 하나님의 계명들을 지키리로다. (115절)

그들이 주의 법을 지키지 아니하므로
내 눈물이 시냇물같이 흐르나이다. (136절)

내 대적들이 주의 말씀을 잊어버렸으므로
내 열정이 나를 삼켰나이다. (139절)

주의 말씀을 지키지 아니하는 거짓된 자들을
내가 보고 슬퍼하였나이다. (158절)

이런 감정들은 유쾌함과는 거리가 멉니다. 그리고 많은 상황에서 이런 감정들 중 일부는 죄악 된 것이 될 수도 있습니다. 그러나 여기서 이 감정들은 죄와 악에 대한 반응이며, 실제로는 악에 대한 하나님의 반응을 반영하는 것입니다. 우리는 개인의 죄와 은혜의 말씀을 살핀 3부에서 이 점을 이미 다루었습니다.

시편 기자는 성경을 잘 알았습니다. 그렇기에 그는 하나님이 인간들의 죄악을 보면서 어떤 마음을 품으실지, 그리고 끝까지 뉘우치지 않고 악한 길로 가는 이들을 향해 결국 어떻게 행하실지를 잘 알았습니다. 따라서 그는 이렇게 선포합니다.

- 하나님이 그들을 꾸짖으실 것이다. (21절)
- 하나님이 그들을 멸시하실 것이다. (118절)

• 하나님이 그들을 버리실 것이다. (119절)

그리고 하나님이 그렇게 행하실 때가 드디어 왔다는 것이 시편 기자의 생각이었습니다(126절)!

물론 성경은 죄인들을 향한 하나님의 사랑에 관해 더 많은 것을 말합니다. 그들이 회개하여 죄 사함을 얻고 하나님과의 관계를 회복하기를 갈망하시는 하나님의 마음에 관해서도 마찬가지입니다. 용서받은 죄인인 시편 기자는 이를 부정하지 않을 것입니다. 오히려 그는 하나님의 깊은 사랑과 용서에 늘 의존합니다. 하지만 성경은 인간의 깊고 끈질긴 악이 하나님의 진노를 불러일으키며 마침내 그분의 심판을 가져온다는 점을 명확히 합니다.

이 점을 생각할 때, 주위 세상의 죄와 사악함에 대한 우리 자신의 반응이 어떠해야 하는지를 돌아볼 필요가 있습니다. 우리 그리스도인들은 악을 향해 시편 기자의 것과 동일한 감정을 드러내야 할까요? 아니면 그런 표현은 부적절한 것일까요? 우리가 품은 감정의 근저에는 무엇이 있을까요? 그 감정들은 정말 하나님의 가치에 뿌리를 두고 있을까요? 아니면 혹시 자신이 손해를 볼지 모른다는 두려움이나 정치적인 성향과 사회적 편견에 물든 것은 아닐까요?

설령 우리의 분노가 진실로 죄에 대한 것임을 확신할 수 있다 해도, 분노의 대상은 어떠해야 할까요? 우리는 일부 도덕적 사안에 몰입한 나머지 쉽게 한쪽으로 치우치며, 그 결과 다른 요소들을 자주 간과합니다.

언젠가 유명한 복음 전도자인 토니 캠폴로(Tony Campolo)는 대규모 집회에서 말씀을 전하면서 이렇게 외친 적이 있었습니다. "지금도 전 세계에서 극빈층에 속한 이들이 굶주림으로 무수히 죽어 가고 있습니다. 하지만 여러분 중 대다수는 그런 일에 관해 눈 하나 깜짝하지 않지요. 이 얼마나 XXX한 일입니까!" 이때 청중 사이에 충격적인 침묵이 흘렀고, 몇몇 사람은 아예 일어나 밖으로 나가 버렸습니다. 그러자 캠폴로는 이렇게 말을 이어 갔습니다. "정말로 부끄러운 일은 여러분 중 일부가 전 세계의 가난과 굶주림보다도 상스러운 말 한 마디에 더 심한 도덕적 불쾌감을 느낀다는 것입니다." 물론 그의 말이 옳았습니다. 구약의 예언자 에스겔은 당시 청중이 사회적으로나 개인적으로나 저지르고 있는 도덕적 악행의 심각성을 일깨우기 위해서라면 상스러운 말이라도 할 준비가 되어 있었습니다. 여기서 우리가 던져야 할 질문은 이것입니다. "하나님을 가장 노엽게 하는 일은 무엇일까?" 우리는 과연 그 답을 어디서 찾을 수 있을까요? 물론 시편 기자가 그러했듯이, 성경에서 찾아야 할 것입니다. 여러분은 그가 그런 식으로 반응한 주된 이유가 사람들이 하나님의 말씀에 순종하지 않기 때문임을 감지했나요?

그렇다면 성경은 어떤 종류의 사악함을 특히 강조할까요?

물론 성경은 실로 무수한 죄를 지적합니다! 다만 하나님이 무엇을 가장 미워하시는지에 관해 몇 가지 단서가 존재합니다. 한 예로, 성경에는 "가증한 것"(abomination)이라는 단어가 자주 등장합니다. 히브리어에서 이 단어는 하나님을 불쾌감과 혐오감으로 가득 채우는 무언가, 즉 하나님이 도저히 묵과하실 수 없는 무언가를 의미합니다. 그런데 이 단어의 용례를 조사해 보면, 놀랍게도 그 표현이 실로 다양한 일을 함축하고 있음을 알 수 있습니다. 물론 그 목록에 여러 유형의 성적인 부도덕이 포함되지만, 부정직한 저울을 사용하는 일 역시 포함됩니다(잠 11:1; 20:10, 23). 하나님은 무역과 사업상 부정 행위도 몹시 가증하게 여기십니다. 그리고 성경의 도덕적 지침에 관해 아는 바가 적다고 느낀다면, 아래 목록 역시 하나님이 가증하게 여기신다는 점을 알 필요가 있습니다.

- 거짓 증언과 비방(렘 7:9-10; 겔 22:9; 잠 6:19)
- 일반적인 거짓말(잠 6:16-17; 12:22; 26:25-28)
- 가난하고 궁핍한 이들을 소홀히 여기는 일(겔 16:49; 18:12; 22:7)
- 부모를 멸시하는 일(겔 22:7)
- 교만(잠 6:16-19)
- 위선적인 예배(사 1:13; 잠 21:27; 28:9)

나아가 우리는 성경에서 하나님의 저주 아래 두는 일들의 목록 역시 찾아볼 수 있습니다. 물론 우상숭배, 근친상간, 성적 부도덕, 살인 등이 이에 포함됩니다. 하지만 성경은 장애인을 학대하거나 뇌물을 받는 일, 그리고 "객이나 고아나 과부의 송사를 억울하게 하는" 일 역시 그 저주의 대상임을 밝힙니다(신 27:19).

이제 바울이 인간의 죄들을 열거하는 로마서 1:18-32을 살펴봅시다. 그 목록에서 어떤 점을 발견했나요? 여기서 우리는 성적 부도덕, 살인, 마음의 부패 등이 언급된다는 점을 알 수 있습니다. 그런데 여기서 제시되는 또 다른 죄들은 무엇일까요? 나아가 이 본문은 우리 삶을 향한 하나님의 기준에 관해 무엇을 가르쳐 주나요? 제 요점은 우리가 분노를 훈련해야 한다는 것입니다. 즉, 우리는 성경이 정죄하는 **모든 것**을 인식하고, 우리의 감정을 자극하고 항의를 불러일으키는 일들에 대해 보다 일관성 있고 성경적인 태도를 가져야 합니다.

우리 복음주의 그리스도인들은 도덕적인 양심에 따라 유독 성 문제에 집중하며, 성 문제에 막대한 도덕적 (그리고 교회적) 에너지를 쏟는 경향이 있습니다. 물론 성경이 성 윤리를 명확히 언급하며, 우리가 그 영역에서도 성경의 진리를 옹호해야 한다는 점에 관해서는 아무 의심의 여지가 없습니다. 하지만 저를 슬프게 하는 것은 우리가 사회 경제적인 악행에 관해서는 좀처럼 그런 에너지를 쏟거나 분노하지 않는다는 점입니다. 이는 그런 문제와 관련해 우리 자신의 손이 깨끗하다는 것을 확신하기 어렵기 때문일 것입니다. 난민, 망명 신청자, 노숙자, 무토지 농민, 가난하고 궁핍한 사람, 억압과 불의, 과도한 부채의 희생자들이 겪는 곤경을 접할 때 우리는 과연 얼마나 불안해하고 분노하나요? 그런데 성경 전체를 살필 때, 하나님은 바로 이런 세상의 부조리와 죄악에 관해 두려울 정도로 분명하게 진노하십니다. 실제로 성경은 성 윤리보다도 이런 사안에 관해 훨씬 많은 메시지를 선포하고 있습니다.

- 여러분은 이 시편 기자의 감정과 표현이 오늘날 그리스도인들에게도 적합하다고 느끼나요? 어떤 근거에서 그렇게 생각하나요?
- 여러분은 뉴스를 접할 때 주로 어떤 일에 분개하나요? 정치인들의 권력 남용, 불의, 잔인함, 부적절한 의료 서비스, 정부의 그릇된 판단, 아니면 다른 무엇이 여러분을 분개하게 만드나요? 여러분 자신의 반응을 분석해 보십시오. 혹시 여러분이 불쾌감을 느끼는 것은 여러분 자신의 이기적인 유익이 위협받기 때문은 아닐까요? 아니면 여러분 자신의 정치적인 선호, 충성심, 혹은 사회적 편견이 그 반응에 영향을 준 것은 아닐까요? 여러분의 분노는 과연 분명한 성경적 가치관의 시험을 적절히 통과할 수 있을까요?
- 여러분이 속한 교회는 사회의 특정 도덕 캠페인을 지지하거나 교회 내의 특정 윤리적

사안에 관해 입장을 취하는 일에 어떻게 관여하고 있나요? 우리는 이런 일들에 관해 어떤 자세를 취해야 할까요? 성경의 '윤리적인 우선순위'와 관련한 태도에 대해 토론하고 평가해 보세요.

- 우리가 설교할 때 분노를 표현하는 것이 옳을까요? 그것이 성경에서 명확히 드러나는 하나님의 진노이며, 우리 자신의 감정 폭발이 아님을 확신할 수 있기 위해서는 어떻게 해야 할까요? 그리고 우리가 하나님의 진노를 표현하고자 할 때, 이를 은혜와 회개에 관한 성경의 가르침과 적절히 조화시키려면 어떻게 해야 할까요?

2. 내부의 고통(25, 28, 50, 81-83, 92, 107, 139절)

이 모든 역경과 고난은 시편 기자에게 어떤 영향을 끼쳤을까요? 지금까지 우리는 외부의 악에 관한 그의 감정을 살펴보았습니다. 하지만 시편 기자는 반대와 조롱, 비방과 거짓 고발, 그리고 심지어 물리적인 위협까지 겪고 있었던 것으로 보입니다. 그러면 그는 이 모든 일에 어떻게 대처했으며, 그 과정에서 어떤 마음을 품게 되었을까요?

이 시편의 몇몇 구절에서 기자는 자신의 깊은 감정을 쏟아 놓고 있습니다. 다음의 구절들을 살피면서 그가 각각의 경우에 어떻게 느꼈을지 묵상해 봅시다.

내 영혼이 진토에 붙었사오니

주의 말씀대로 나를 살아나게 하소서. (25절)

나의 영혼이 눌림으로 말미암아 녹사오니

주의 말씀대로 나를 세우소서. (28절)

이 말씀은 나의 고난 중의 위로라.

주의 말씀이 나를 살리셨기 때문이니이다. (50절)

나의 영혼이 주의 구원을 사모하기에 피곤하오나

나는 주의 말씀을 바라나이다.

나의 말이 주께서 언제나 나를 안위하실까 하면서

내 눈이 주의 말씀을 바라기에 피곤하니이다.

내가 연기 속의 가죽 부대 같이 되었으나

주의 율례들을 잊지 아니하나이다. (81-83절)

주의 법이 나의 즐거움이 되지 아니하였더면

내가 내 고난 중에 멸망하였으리이다. (92절)

나의 고난이 매우 심하오니

여호와여, 주의 말씀대로 나를 살아나게 하소서. (107절)

내 대적들이 주의 말씀을 잊어버렸으므로
내 열정이 나를 삼켰나이다. (139절)

얼마나 큰 내적 고통과 씨름이 담긴 구절들인지요! 시편 기자가 살아 있었다면, 상담과 목회적인 돌봄을 권고받았을 것입니다. 본문에서 묘사된 증상에 우울증, 탈진, 피로로 인한 실신, 극도의 신경 쇠약 및 전반적인 고통이 포함되어 있습니다. 여러분이 속한 교회나 성경공부 모임에도 이와 유사한 증상을 겪는 이들이 있을 것입니다. 이런 상황에서 우리에게 위로가 되는 것은 성경에도 그런 고통에 대한 표현들이 담겨 있다는 사실입니다. 이를 통해 우리는 하나님 앞에 그 아픔을 표현하며, 참된 치유의 길로 나아가게 됩니다. 즉, 하나님 자신과 그분의 말씀, 약속과 생명을 주시는 그분의 능력을 향해 나아가는 것입니다.

이제 이 장의 논의를 마무리하기 전에 마지막으로 짚고 넘어갈 점이 하나 있습니다. 고통과 분투, 연약함과 우울을 토로하는 이 고백들이 한 신실한 신자의 입술에서 나왔다는 것입니다. 그는 하나님을 진심으로 신뢰하면서 하나님에게 순종하는 삶을 살고자 최선을 다했던 사람입이다. 그리고 그의 간증에는 그가 얻은 풍성한 재물이나 넘치는 복, 또는 즉각적인 치유에 대한 언급이 없었습니다.

묵상과 토론을 위한 질문

여러분은 '번영의 복음'에 대해 어떻게 생각하나요? 그것이 매력적인 가르침으로 다가오는 이유는 무엇일까요? 그러나 이 시편은 그것이 사기이자 속임수임을 폭로합니다. 그러한 가르침의 위험성에 대해 함께 토론해 봅시다.▶

활발한 토론을 위해 아래 글을 읽기를 권합니다.

'번영'의 교훈은 성경의 가르침을 왜곡하며, 우리 본성의 이기심과 탐욕을 부추긴다. 따라서 이 교훈은 우리 삶에 엄청난 영적 손상을 초래한다. 물론 성경에는 하나님이 풍성한 물질의 복을 주신 사람들의 예가 분명히 나온다. 하지만 그와 동시에 믿음이 부족해서가 아니라 오히려 하나님을 향한 확고한 믿음과 순종 때문에 극심한 고난을 겪은 이들의 예도 많이 등장한다. 또한 성경에는 큰 부자가 되는 것이 하나님의 축복 때문이 아니라 억압과 악행으로 얻은 이익의 결과일 수도 있음을 경고하는 말씀이 가득하다.

▶ 이에 관해 더 자세한 내용을 살피려면, Andrew Perriman (ed.), *Faith, Health and Prosperity* (Carlisle: Paternoster, 2003)와 Femi Adeleye, *Preachers of a Different Gospel*(Carlisle: Hippo, 2011)을 보라.

더 깊이 나아가기

고린도후서 11:17-18, 21하-30을 읽어 보십시오.

바울이 복음을 위해 겪은 고난들을 묵상해 보십시오. 그는 이 고난들에 어떻게 반응했나요? 그리스도인인 우리는 그의 태도로부터 어떤 교훈을 얻을 수 있을까요?

10. 계속 나아가라

시 119:145-160

목표: 신뢰와 노력 사이의 균형을 회복하기

주제에 집중하기

지난 두 장에서 우리는 시편 기자의 삶을 그토록 힘겹게 만든 상황들을 살펴보는 동시에 그가 주위 세상의 악과 자기 내면의 고통에 대한 반응으로 감정을 표현하는 방식에 귀를 기울여 보았습니다. 그런데 시편 기자는 이 모든 일에 대해 실제로 어떻게 행동했을까요? 그 답은 두 가지로 살펴볼 수 있습니다. 한편, 그는 하나님의 도우심을 간절히 구하고 부르짖었습니다. 그리고 다른 한편, 그는 이를 악물고 계속해서 앞으로 나아갔습니다. 즉, 위를 향해 호소하는 동시에 앞을 향해 전진한 것입니다.

읽기: 시편 119:145-160

핵심 구절: 시편 119:75

개요

1. **하나님을 향해 부르짖기**(81-88, 145-148, 150-151, 153-156절)

a. **하나님이 그의 문제만큼 가까이 계시기에**(145-146절)

b. **하나님이 위대한 피난처이시기에**(114절)

c. **하나님이 출애굽의 하나님이시기에**(153-156절)

2. **계속 전진하기로 결심하기**(28, 32, 67, 71, 75, 81, 83절)

결론

성경에서 시편 기자만 고난을 겪은 것은 아니었습니다. 욥과 예레미야 등 다른 이들도 고난을 겪었습니다. 심지어 사도 바울도 자신이 심한 압박과 좌절을 겪었으며, 사람들의 온갖 박해와 공격에 시달렸다고 고백합니다. 고린도후서 4:7-18에 나오는 그의 글을 읽어 보면, 고난에 대한 바울의 반응과 시편 기자의 반응 사이에 많은 공통점이 있음을 알 수 있습니다. 단, 바울은 신약 시대에 글을 썼기 때문에 하나님이 그리스도 안에서 행하신 일에 기초한 반면, 시편 기자는 출애굽 사건을 돌아보았다는 차이가 있을 뿐입니다.

1. 하나님을 향해 부르짖기(81-88, 114, 145-146, 150-151, 153-156절)

81-88절은 인내의 부르짖음이자, 끝이 없어 보이는 절망적인 기다림에서 나온 부르짖음입니다. 그것은 긴 세월 이어진 질문

입니다. "당신의 종이 얼마나 오래 기다려야 하나이까?"(84절, NIV) 시편 40편에서는 "내가 여호와를 참을성 있게 기다렸나이다"(NIV)라고 말하지만, 시편 기자도 인내심이 바닥나서 이렇게 탄식할 때가 있습니다. "주님, 언제 제 기도를 들으시겠습니까? 언제 제 기도에 응답하시겠습니까? 언제 일하려 하십니까?"

그런 처지와 기도에 공감하는 사람이 많을 것입니다. 그런 사람이라면, 다음과 같은 시편 기자의 고백이 내 고백처럼 느껴질 것입니다.

> 여호와여, 내가 전심으로 부르짖었사오니 내게 응답하소서.
> 내가 주의 교훈들을 지키리이다.
> 내가 주께 부르짖었사오니 나를 구원하소서.
> 내가 주의 증거들을 지키리이다.
> 내가 날이 밝기 전에 부르짖으며
> 주의 말씀을 바랐사오며
> 주의 말씀을 조용히 읊조리려고
> 내가 새벽녘에 눈을 떴나이다. (145-148절)

이처럼 밤에도 잠을 못 이루고 새벽에 일찍 눈을 뜨는 모습은 그의 불안과 더불어 하나님이 자신의 부르짖음을 들어주시기를 바라는 깊은 갈망을 증명합니다. 그런데 시편 기자는 어떻게 하나님이 마침내 자신의 기도를 듣고 역사하실 것이라는 확신과 소망을 끝까지 붙들 수 있었을까요? 이에 관해서는 다음의 세 가지 이유를 들 수 있습니다. (1) 하나님이 그의 곁에 가까이 계시며, (2) 그의 피난처가 되시고 (3) 놀라운 출애굽의 하나님이심을 믿었기 때문입니다.

a. 하나님이 그의 문제만큼 가까이 계시기에(145-146, 150-151절)

사실 하나님은 그가 처한 문제보다 가까이 계시는 분입니다. 시편 기자는 아래의 본문에서 놀라운 언어 유희를 통해 이 진리를 드러내고 있습니다.

악을 따르는 자들이 가까이 왔사오니
그들은 주의 법에서 머니이다.
여호와여 주께서 가까이 계시오니
주의 모든 계명들은 진리니이다. (150-151절)

문제를 일으키는 악인들은 당시 시편 기자와 매우 가까이 있었지만, 실상 그들은 하나님으로부터 멀리 떨어진 자들이었습니다. 이에 반해 하나님은 시편 기자로부터 멀리 계신 듯 보였지만(145-146절), 실제로는 누구보다 그와 가까이 계셨습니다.

이처럼 하나님이 우리와 함께하신다는 것은 성경의 위대한 약속입니다. 고난이 우리 삶에 닥쳐올 때, 우리는 이 진리를 꼭 기억해야 합니다. 하나님은 그 어떤 위협보다도 가까이 계십니다. 제가 TV에서 시청했던 한 축구 경기의 예를 통해 이 약속에 대해 설명해 보겠습니다. 한 공격수가 골키퍼를 향해 골을 몰고 왔습니다. 그가 공을 넣을 것이 분명해 보였지요. 그런데 갑자기 어디선가 한 수비수가 나타나 날렵한 태클로 그의 공을 빼앗았습니다. 이처럼 우리 삶에 닥쳐온 가장 큰 위기의 순간에, 보이지 않는 수비수이신 하나님은 우리를 공격하는 자들보다 더욱 가까이 계십니다.

- 하나님이 가까이 계심을 언급하는 다른 성경 본문으로는 어떤 것이 있을까요?

b. 하나님이 위대한 피난처이시기에(114절)

주는 나의 은신처요 방패시라.
내가 주의 말씀을 바라나이다. (114절)

폭풍을 만났을 때, 우리에게는 피난처가 필요합니다. 누군가에게 쫓길 때에는 숨을 곳이 있어야 하며, 적군의 공습 중에는 대피소로 피신해야 합니다. 어린 시절에 우리는 종종 이불 속에 숨거나 어머니 품에 달려가 안기곤 했습니다. 시편 기자는 하나님을 우리의 은신처로 묘사하기를 즐겨합니다. 우리에게는 안전과 평안에 대한 깊은 욕구가 있으며, 하나님은 평안의 궁극적인 공급자이십니다. 이따금 우리 삶에서 원수들의 공격에 노출될 때, 은신처이자 보호자이신 하나님 '품 안으로' 달려가는 일은 우리에게 실로 큰 안도감을 줍니다.

> 여호와의 이름은 견고한 망대라.
> 의인은 그리로 달려가서 안전함을 얻느니라. (잠 18:10)

제가 올네이션스 크리스천 칼리지 교장으로 재직하던 당시, 우리 공동체는 종종 악한 자의 세력이 가해 오는 영적 공격을 경험했습니다. 우리 학교는 하나님 나라 확장을 위해 섬길 타문화권 선교사 후보생들을 훈련시키는 곳이었기에, 그런 공격을 전혀 예상하지 못한 것은 아니었습니다. 하지만 그렇다고 해서 그 공격이 덜 괴롭지는 않았습니다. 때로는 거의 우리를 압도하는 위협처럼 다가오기도 했습니다. 우리 학교의 주요 스태프들이 교장인 저에게 사탄의 공격이 집중되고 있음을 감지했던 때가 기억납니다. 당시 우리는 함께 모여서 긴급 기도의 시간을 가졌습니다. 이때 한 직원이 드렸던 기도를 아직도 종종 생각하며 되뇌곤 합니다. 당시 그녀는 이렇게 기도했습니다. "주님, 크리스를 당신의 날개 아래 숨겨 주세요. 그래서 마귀가 그를 어디서 찾아내야 할지조차 모르게 해 주세요." 그리고 그 기도는 제게 실로 깊은 안도감을 가져다주었습니다!

• 큰 고난이나 위기를 만났을 때 하나님이 함께하셨음을 보여 주는 성경의 이야기들로는 어떤 것이 있을까요?

c. 하나님이 출애굽의 하나님이시기에(153-156절)

나의 고난을 보시고 나를 건지소서.
내가 주의 율법을 잊지 아니함이니이다.
주께서 나를 변호하시고 나를 구하사
주의 말씀대로 나를 살리소서.
구원이 악인들에게서 멀어짐은
그들이 주의 율례들을 구하지 아니함이니이다.
여호와여 주의 긍휼이 많으오니
주의 규례들에 따라 나를 살리소서. (153-156절)

시편 기자는 하나님에 관한 모든 이해를 과연 어디서 얻었을까요? 그는 하나님에 관한 자신의 지식이 곧 성경의 토라에서 온 것임을 반복해 말합니다. 그가 하나님에 대해 안 것은 출애굽 이야기를 이미 접했기 때문이었습니다. 물론 그가 출애굽 사건 당시에 실제로 그 장소에 있었던 것은 아닙니다. 다만 그는 그 이야기를 알고 있었으며, 그 이야기는 그에게 견실한 믿음과 소망의 근거가 되어 주었습니다. 그 이야기는 이스라엘이 섬기던 하나님이 아무것도 보지 못하시는 분이 아님을 보여 주었습니다. 지금은 악인들이 번성하고 의인들이 고난받는 것처럼 보일지라도, 언제까지나 그렇게 지속되지는 않을 것입니다. 하나님이 보고 알고 계십니다. 하나님이 돌보시고 행하십니다. 궁극적으로 하나님은 신실하고 기도하는 이 신자를 포함해 자신의 백성을 온전히 보호하고 속량하실 것입니다.

그렇기에 시편 기자는 하나님이 과거에 자신의 선조들을 위해 행하신 일들을 자신을 위해서도 행해 달라고 간구합니다. 여기서 그는 이렇게 되새기고 있습니다. '그들을 구하신 하나님은 나의 하나님이시기도 해. 그러니 하나님이 내 기도를 들으신다는 확신을 품고 계속 부르짖어야 해. 하나님은 나를 구원하고 보호해 주실 거야.'

시편 기자와 마찬가지로, 우리도 고난 중에 계속 하나님을 찾고 부르짖어야 합니다. 그런데 이때 자신이 찾고 구하는 하나님이 어떤 분인지를 분명히 할 필요가 있습니다. 여러분이 간구하고 의지하는 그분이 성경의 하나님, 곧 그분의 말씀에 깊이 몰입함으로써 알게 된 그 하나님이심을 분명히 해야 합니다.

• 이 시편의 언어들을 출애굽기 2-6장에 기록된 출애굽 이야기와 비교해 보십시오. 특히 출애굽기 2:23-25과 3:7-9, 6:2-8에 주목하기 바랍니다.

2. 계속 전진하기로 결심하기(28, 32, 67, 71, 75, 81, 83절)

시편 기자는 장차 어떤 일이 닥쳐오든, 대적들의 핍박이 얼마나 크든, 그 대가가 얼마나 혹독하든 간에 하나님을 따르고 신뢰하며 섬기고 사랑하기로 굳게 결심하고 있습니다. 그는 그 일을 결코 포기할 마음이 없었습니다. 그는 다시금 의지를 발휘해, 인생의 가장 힘든 순간에도 끝까지 주님을 따르겠다는 단호한 결의를 확언하고 있습니다.

이것이 일종의 모순일까요? 하나님의 도우심을 찾고 의지하는 동시에 우리 자신의 노력과 결심을 표현하는 것이 그릇된 일일까요? "하나님, 저를 도와주세요. 당신을 향해 간절히 부르짖습니다"라고 호소하는 한편, "하나님, 저는 이 힘든 시기를 지나는 동안 끝까지 인내하고 견디기로 결심했습니다"라고 고백할 때, 이는 과연 은혜와 행위를 혼동하는 것일까요? 결코 그렇지 않습니다. 두 개념 모두 이 시편에서 온전히 표현되면서도 서로 충돌하는 느낌이 전혀 없기 때문입니다.

81절과 83절에서 이 대조가 어떻게 표현되는지 살펴봅시다. 각 구절 전반부에서는 하나님을 향한 시편 기자의 갈망과 탈진, 부르짖음을 언급하는 한편, 후반부에서는 그의 굳은 다짐을 표현합니다. "나는 주의 말씀을 바라나이다", "주의 율례들을 잊지 아니하나이다." 우리는 소망과 순종을 실천해야 합니다. 하나님이 우리를 위해 이 일을 대신해 주지 않으십니다. 우리가 직접 그 일을 감당하고 실천하기로 결단해야 합니다. 그러므로 시편 기자는 자신이 계속해서 전진할 것임을 고백하면서, 실제로 깊은 열정을 품고 그 일을 수행하려 합니다. 이에 관해, 28절과 32절 내용을 살펴봅시다. 28절에서 우리는 다음과 같은 그의 부르짖음을 들을 수 있습니다.

나의 영혼이 눌림으로 말미암아 녹사오니
주의 말씀대로 나를 세우소서.

그런데 32절에서 그는 다시금 힘을 내면서 이렇게 다짐합니다.

주께서 내 마음을 넓히시면
내가 주의 계명들의 길로 달려가리이다.

초기 NIV 역본에서는 32절 전반부를 "주께서 내 마음을 자유롭게 하시면"(set my heart free)으로 번역했습니다. 그러므로 그는 그저 진흙탕 속에서 조금씩 앞으로 기어가고 있지 않습니다. 오히려 그는 당당히 일어서서 영적인 자유와 순종의 길로 기쁘게 달려가고 있습니다.

여기서 시편 기자는 또한 하나님이 그의 삶에 허락하신 고난 중 일부가 자신에게 유익한 영향을 미쳤다는 사실을 묵상합니다. 67, 71, 75절을 읽어 봅시다.

고난 당하기 전에는 내가 그릇 행하였더니
이제는 주의 말씀을 지키나이다. (67절)

고난 당한 것이 내게 유익이라.
이로 말미암아 내가 주의 율례들을 배우게 되었나이다. (71절)

여호와여, 내가 알거니와 주의 심판은 의로우시고
주께서 나를 괴롭게 하심은 성실하심 때문이니이다. (75절)

우리의 삶에 시련을 허락하실 때도, 하나님은 우리를 향한 그분의 신실하심을 거두지 않으십니다. 물론 이것은 쉽게 터득할 수 있는 교훈이 아닙니다. 당시에는 어떤 고난도 선한 것으로 다가오지 않기 때문입니다. 하지만 거친 모래알을 통해 굴

속에 귀한 진주가 생겨나듯, 우리가 하나님과 동행하면서 인내하기로 선택할 때 하나님이 우리 삶에 허락하시는 온갖 고통과 분투 역시 선한 결실로 이어질 수 있습니다.

따라서 우리는 하나님을 온전히 신뢰하는 일과 담대하게 고난을 헤쳐 나가는 일 사이에서 균형을 유지해야 합니다. 성경에는 이 두 가지 측면에 관해 우리에게 교훈을 주는 사례들이 가득 담겨 있습니다.

- 여러분이 겪은 시련과 고난은 여러분의 삶에 어떤 유익을 주었나요? 이는 고난 자체가 선하다는 것을 의미하나요?
- 다니엘 3장과 욥기 1:6-22을 읽어 보십시오. 그 이야기들 속 인물들은 고난에 어떻게 반응하고 있나요?

결론

때로 우리는 다음과 같이 부르짖게 됩니다.

> 주님, 제가 당신에게 다시금 간구합니다. 주님, 당신이 친히 역사해 주시기를 갈망합니다. 당신이 이 문제를 해결해 주시고, 모든

것을 바로잡아 주십시오. 주님, 당신만이 이처럼 큰 문제를 다루실 수 있기에, 제게는 당신이 절실히 필요합니다. 당신은 저의 유일한 소망이십니다.

그리고 이와 동시에 우리는 하나님 앞에서 이렇게 고백하게 됩니다.

주님, 제가 여전히 인내하면서 당신을 기다립니다. 설령 당신이 어떤 일을 행하지 않으시더라도 계속 이곳에 머물 것입니다. 저는 다른 어디로도 가지 않고 당신만을 끝까지 붙들고자 합니다. 이는 제가 당신의 종이며, 당신만을 사랑하고 신뢰하기 때문입니다. 그리고 다른 이들이나 사탄, 심지어는 당신의 손길로부터 어떤 일이 임하든지 간에, 저는 계속 당신만을 섬기기 위해 분투할 것입니다. 저는 오직 한 방향을 향한 여정 중에 있으며, 당신을 향한 오랜 순종을 그치지 않으려 합니다. 이는 유일하고 참된 하나님이신 당신만을 사랑하고 섬기려는 이 결심을 포기할 때, 제게는 다른 아무 목적지도, 아무 할 일도 남지 않을 것이기 때문입니다.

이는 우리의 시편 기자에게서 듣는 목소리입니다. 이는 또한 겟세마네 동산에서 듣는 목소리이기도 합니다. 그곳에서 우리는 하나님의 아들이신 주님 자신이 깊은 고뇌에 차서 씨름하시는 모습을 보게 됩니다. 참 사람이신 예수님은 장차 몇 시간 후 닥쳐올 일에 대한 두려움과 절망에 휩싸여 하나님 앞에 이렇게 부르짖으셨습니다. "내 아버지여, 만일 할 만하시거든 이 잔을 내게서 지나가게 하옵소서"(마 26:39). 하지만 곧바로 그분은 평생에 걸친 자신의 마음가짐을 되찾으시고, 자신의 뜻을 성부의 뜻에 복종시키셨습니다. "그러나 나의 원대로 마시옵고 아버지의 원대로 하옵소서." 그리고 주님은 자신이 해야 할 일을 해내겠다고 결단하며 그 자리에서 일어나 체포와 재판, 채찍질과 십자가가 기다리는 곳으로 나아가셨습니다. 이처럼 인류 역사상 하나님에게 온전히 의존하는 태도의 의미를 예수님보다 명확히 보여 주신 이는 없었습니다. 뿐만 아니라 자신을 거스르는 모든 악의 세력에 맞서 하나님의 뜻대로 계속 앞으로 나아가겠다는 결심을 더 뚜렷이 드러내신 이도 없었습니다.

- 고난과 고통에 대한 신약의 가르침에 시편 119편과 동일한 믿음과 결단이 담겨 있다고 생각하나요? 다음 본문들을 읽고 나누면서, 하나님을 온전히 의지하는 일과 끈질기게 인내하면서 노력하는 일 사이의 균형에 대해 생각해 보십시오(고후 1:3-11; 11:23-30; 12:7-10; 히 12:1-12).

더 깊이 나아가기

느헤미야 2:1-5을 읽어 보십시오. 맥락을 파악하기 위해서는 느헤미야 1장 전체를 읽는 것도 좋습니다.

느헤미야는 시편 기자와 동일한 이중 전략을 채택하고 있나요? 이를 통해 고난과 역경을 대하는 올바른 태도에 관해 무엇을 배울 수 있을까요?

고린도후서 4:7-18을 읽어 보십시오.

고난에 대한 바울의 반응을 묵상해 보십시오.

묵상과 토론을 위한 질문

여러분이 소그룹 성경공부를 하고 있다면, 짝을 정해 서로를 위해 이 이중적인 반응을 연습하는 시간을 가져 보십시오. 서로의 필요를 하나님 앞에 아뢰고, 여러분의 신뢰와 소망을 오직 그분께 두면서 그 기도를 듣고 응답해 주시기를 부르짖으십시오. 이어서 날마다 믿음과 순종의 길로 담대히 전진하도록 서로를 격려하기 바랍니다.

시편 40편을 크게 소리 내어 읽고, 그것을 여러분 자신의 고백으로 삼으십시오.

여러분이 설교자라면, 이 시편 중 일부를 사용해 여러분의 회중이 시련 가운데서 하나님에게 부르짖는 동시에 믿음으로 인내하며 전진하도록 격려하려면 어떻게 해야 할까요? 그 요지를 생생하게 전달하려면 성경의 어떤 사례들을 이용하면 좋을까요?

* 5부. 개인적인 회복과 생명의 말씀　시 119:153-160

"제가 여기 있는 게 기적입니다." 테니스를 치거나 가족과 식사를 하는 등 평범한 일상을 누리는 사람들이 카메라를 정면으로 바라보면서 이렇게 말할 때가 있습니다. 자신의 생명을 구해 준 암 치료가 없었다면 지금쯤 세상에 없었을 것이라는 의미입니다. 여기 있을 수 없었던 그들이 여기 있게 된 것은 치료를 통해 예기치 못한 새 생명을 얻었기 때문입니다. 이 광고는 암 연구 후원을 통해 다른 이들에게도 생명을 선물로 주자는 감동적인 호소로 끝납니다.

생명. 우리는 누구나 생명에 깊은 애착을 품으며, 때로는 우리 생명이 새롭게 되고 회복되며 보호받고 연장되기를 절실히 바랍니다. 이것이 바로 시편 기자의 심정이었습니다.

시편 119편을 차분히 정독하다가 저는 이 주제가 얼마나 자주 언급되는지를 보면서 충격을 받았습니다. 이 시편에는 스물두 개의 단락이 있는데, 그중 열한 개 단락에서 총 열네 차례 이상 시편 기자는 이렇게 기도합니다. "내 생명을 새롭게 하소서." 때로 이 표현은 다음과 같이 번역됩니다. "내 생명을 회복시키소서", "내게 생명을 주소서", "나를 살아나게 하소서", "나로 살게 하소서." 대다수의 경우, 이것들은 극적인 히브리어 감탄사인 '하예니'(*Hayyeni*)를 다양한 방식으로 번역한 표현들입니다. 문자적으로 이 단어는 "나로 살게 하소서!", "나를 살리소서!", 혹은 "내게 생명을!" 등을 의미합니다. 이 시편 끝부분에 이를수록, 이 기도는 점점 더 강렬한 형태로 더 자주 반복되는 모습을 보입니다. 그리고 이것은 마지막 절 바로 앞 구절에서 언급되는 거의 최후의 기도이기도 합니다.

잠시 시간을 내어 다음 구절들을 읽어 보십시오. 가능하면 한 절씩 크게 낭독하면서 이 구절들의 총체적인 효과와 그 속에 담긴 감정의 힘을 느껴 보기 바랍니다.

주의 종을 후대하여 살게 하소서.
그리하시면 주의 말씀을 지키리이다. (17절)

내 영혼이 진토에 붙었사오니
주의 말씀대로 나를 살아나게 하소서. (25절)

내 눈을 돌이켜 허탄한 것을 보지 말게 하시고
주의 길에서 나를 살아나게 하소서. (37절)

내가 주의 법도들을 사모하였사오니
주의 의로 나를 살아나게 하소서. (40절)

이 말씀은 나의 고난 중의 위로라.
주의 말씀이 나를 살리셨기 때문이니이다. (50절)

주의 긍휼히 여기심이 내게 임하사 내가 살게 하소서.

주의 법은 나의 즐거움이니이다. (77절)

나의 고난이 매우 심하오니

여호와여, 주의 말씀대로 나를 살아나게 하소서. (107절)

주의 말씀대로 나를 붙들어 살게 하시고

내 소망이 부끄럽지 않게 하소서. (116절)

주의 증거들은 영원히 의로우시니

나로 하여금 깨닫게 하사 살게 하소서. (144절)

주의 인자하심을 따라 내 소리를 들으소서.

여호와여, 주의 규례들을 따라 나를 살리소서. (149절)

주께서 나를 변호하시고 나를 구하사

주의 말씀대로 나를 살리소서. (154절)

여호와여, 주의 긍휼이 많으오니

주의 규례들에 따라 나를 살리소서. (156절)

내가 주의 법도들을 사랑함을 보옵소서.
여호와여, 주의 인자하심을 따라 나를 살리소서. (159절)

내 영혼을 살게 하소서.
그리하시면 주를 찬송하리이다.
주의 규례들이 나를 돕게 하소서. (175절)

우선, 위협적이거나 힘겨운 상황이 '생명과 반대되는' 것으로 언급되고 있음을 눈치챘나요? 당시 시편 기자는 우울과 피로, 유혹, 적대감, 고통 등을 겪으면서 '조금씩 죽어 가고' 있었습니다. 이어지는 11장에서 바로 이런 **생명의 위협**에 대해 생각해 보려 합니다.

둘째, 시편 기자가 자기 생명을 새롭게 해 달라고 하나님을 향해 간구할 때, 종종 하나님에 관한 어떤 사실에 근거해 호소한다는 점에 주목해야 합니다. 즉, 그는 하나님의 성품(하나님의 의와 긍휼과 사랑)과 하나님의 말씀(하나님의 법과 약속)과 관련된 사실에 근거해 간구합니다. 우리는 12장에서 이 **생명의 원천**에 대해 다룰 것입니다.

셋째, 시편 기자는 이따금 하나님이 자신의 삶을 새롭게 해 주실 때 어떤 일이 일어날지를 언급하면서 그 일을 행하시도록 그분을 '격려하는' 모습을 보입니다! 하나님이 그 역사를 이루실 때, 시편 기자는 새 힘과 위로, 소망을 얻게 될 것입니다. 뿐만 아니라 하나님은 그 종의 새로워진 삶에서 흘러나오는 더 깊고 온전한 순종과 찬양을 받으시게 될 것입니다. 이것이 바로 이 놀라운 시편에 대한 책의 결론 부분에서 다루게 될 내용입니다.

11. 생명을 향한 위협

시 119:25-40

목표: 우리의 생각보다 더 생명을 위협하는 일들을 파악하고 인식하기

주제에 집중하기

8장에서 우리는 당시 시편 기자가 겪었던 일부 어려움들을 살펴보았습니다. 이제는 그가 하나님이 주시는 참된 생명을 누리는 데 위협이 된다고 여겼던 몇 가지 요소를 다루려 합니다. 이런 요소들이 말 그대로 치명적인 것은 아닐지라도, 그것들은 우리의 삶을 무력화시키며 쇠약하게 만듭니다. 이들은 하나님이 우리에게 베풀고자 하시는 삶의 즐거움을 망쳐 놓습니다. 시편 119편에서 기자는 이런 의미에서 우리 삶에 위협이 되는 다음 세 가지 요소를 언급합니다. **우울, 이기심, 적대감**이 바로 그것입니다.

읽기: 시편 119:25-40

핵심 구절: 시편 119:37

개요

1. 우울과 탈진의 위협(25, 28절)

2. 헛된 것에 대한 이기적인 집착의 위협(36-37절)

3. 고통과 적대감의 위협(50, 107, 154절)

우리는 살면서 치명적인 일을 많이 겪습니다. 그것들은 반(反)생명적이고, 삶을 망치며, 생명력을 빼앗아갑니다. 물론 에덴동산 이후 우리 인류가 경험해 알고 있듯, 가장 중대한 반생명적인 실체는 바로 죄입니다. 그곳에서 하나님이 아담과 하와에게 경고하셨습니다. 만일 하나님이 먹지 말라고 하신 나무의 열매를 먹는다면 "반드시 죽[게]" 될 것이라는 경고였지요(창 2:17). 결국 그들이 하나님에게 불순종했을 때, 하나님은 이렇게 선언하셨습니다. "너[희]는 흙이니 흙으로 돌아갈 것이니라"(창 3:19). 신약에서 바울은 죄를 통해 죽음이 인류의 삶과 역사 속에 들어왔음을 가르치면서 이 아담과 하와 이야기를 언급합니다. 이처럼 죄는 죽음의 궁극적인 원천입니다. 하지만 그렇다고 해서 우리 삶의 즐거움을 위협하는 일들이 모두 우리 자신의 죄에서 기인한 결과라는 뜻은 아닙니다. 때로는 그저 우리가 타락하고 죄 많으며 죽음이 가득한 세상에 있다는 사실만으로 그러한 일들이 찾아오기도 합니다. 우리는 이 세상에 살고 있지만 죽음 한 가운데서 살면서, 죽음과 그 전조, 즉 하나님이 우리에게 의도하신 풍성한 삶을 빼앗는 것들에 의해 위협받고

침략당하고 있습니다.

이 장을 집필하는 동안 저는 아프리카 오지에서 사역하는 한 무리의 선교사들과 교제했습니다. 그들 중 한 명이 제게 자신의 고충을 들려주었습니다. 그녀는 17년간 차드에서 헌신적으로 사역하는 동안 건강이 악화되었고 여러 차례에 걸쳐 만성피로 증후군을 겪었습니다. 주님과 그분의 말씀을 사랑하고 자신의 사역에도 깊은 애착을 품고 있었지만, 사역의 부담이 너무 컸던 것입니다. 그녀는 다른 이들의 기대를 충족하기 위해 지나치게 많은 일을 감당하다 심히 지쳐 있었습니다. 탈진으로 인해 그녀는 영혼의 메마름, 깊은 우울, 죄책감 등에 시달렸으며 만성 피로가 언제 재발할지 모른다는 두려움에 짓눌렸습니다. 당시 우리는 하나님이 그녀의 삶을 새롭게 하시고 회복시켜 주시기를 함께 기도했습니다. 그리고 이제 살펴볼 시편 기자의 기도 속에도, 그녀가 품었던 것과 동일한 그 회복에 대한 갈망이 담겨 있습니다.

1. 우울과 탈진의 위협(25, 28절)

> 내 영혼이 진토에 붙었사오니
> 주의 말씀대로 나를 살아나게 하소서. (25절)

나의 영혼이 눌림으로 말미암아 녹사오니
주의 말씀대로 나를 세우소서. (28절)

시편 기자는 자신의 영혼이 "진토에 붙[을]" 정도로 완전히 지치고 탈진한 상태임을 토로합니다. 여기서 "진토"는 창세기 3:19에서 언급된 죽음의 흙을 상기시키는 표현입니다. 전도서의 교사 역시 죽음에 대한 시적인 묵상을 마무리하면서 우리가 결국 흙으로 돌아가게 될 것이라고 술회합니다(전 12:7). 그런데 시편 119편 기자는 자신이 이미 그 흙 속에 놓여 있는 것처럼 느낍니다. 그의 삶이 심히 메마르고 위축된 상태에 있기 때문입니다. 이는 곧 깊은 우울에 시달리는 이들이 느끼는 감정입니다.

물론 다소 가벼운 우울감을 느끼는 데서 그치는 사람들도 있습니다. 어떤 이유에서인지 일이 잘 안 풀릴 때, 우리는 인생의 모든 문제나 특정한 문제에 대해 얼마 동안 비참한 기분을 느낍니다. 그런데 시편 기자는 그저 며칠 간에 걸친 우울감 이상의 것을 언급하는 듯합니다. 우리는 이처럼 깊은 우울증이 실로 두렵고 끔찍한 경험이 될 수 있음을 압니다. 그런 우울증은 장기간의 스트레스나 정서적 압박, 해결되지 않은 트라우마와 깨어진 관계 혹은 사별 등에 의해 유발되며, 때로는 설명할 수 없는 요인이나 생리학적 요인들로 인해 발생하기도 합니다. 우울증은 심각한 임상 질환으로 이어지기도 합니다. 여러분 중에도 그런 어려움을 겪어 본 이들이 있을 것이며, 깊은 우울증에 시달리는 가족이나 친구가 있는 이들 또한 그것이 얼마나 잔인한 질병인지 알 것입니다.

내가 반복적인 우울증에 시달리는 사람들에게서 자주 들은 말 중 하나는 바로 이 시편 기자가 하는 말과 같습니다. '내 인생은 더 이상 살 가치가 없어 보인다'는 것입니다. 이들은 모든 의미를 잃었으며, 어떤 기쁨이나 희망도 찾을 수 없다고 느낍니다. 일상의 일부인 가장 소소한 즐거움조차 사라져 버립니다. 좋아했던 음식도 맛을 잃습니다. 세상 전체가 짙은 허무의 구름으로 뒤덮인 듯 보입니다. 이런 우울증은 우리 삶을 파멸로 이끕니다. 우리가 꼭 물리적인 사망 상태에 이르러야만 죽은 것처럼 느끼는 것이 아닙니다. 죽음은 이미 우리 삶 속 깊숙이 침범해 있습니다.

그리고 신자들도 이 우울에서 자유롭지 않습니다. 때로는 가장 경건하고 헌신적인 이들, 성령으로 충만해 그리스도를 닮은 모습으로 하나님을 섬기며 살아가는 이들도 이 시편 기자처럼 자신의 영혼이 "진토에 붙[어]" 있는 상태를 경험하게 됩니다. 그들이 믿음이 없거나 충분히 기도하지 않아서가 아닙니다. 이는 우리가 시편 기자에 대해서도 그렇게 말할 수 없는 것과 마찬가지입니다.

우리는 시편 기자가 그런 고통을 겪은 이유가 질병이나 죄 때문인지, 심신의 탈진이나 대적들의 핍박 때문인지를 자세히 알 수 없습니다. 하지만 원인이 무엇이든 간에 그의 증상은 본문에 잘 나와 있습니다. 그는 시간 감각과 목적 의식 마비, 내적인 고통, 식욕 상실, 체중 감소, 우정 관계 상실, 불면 등을 겪어야 했습니다.

이 깊은 아픔 속에서 시편 기자는 이렇게 부르짖습니다. "주님, 생명을 되찾게 하소서!"

- 이 장에서 다룬 문제와 관련해 누군가의 도움이 필요할 경우, 가까운 친구나 기독교 상담가를 찾아가길 바랍니다. 또는 시편 102:1-11을 읽고 그 기자의 힘겨웠던 경험 속에 자신을 대입해 보십시오. 이 시편의 표제는 "가련한 사람이 고난을 받을 때에 자신의 고민을 주님께 토로하는 기도"입니다. 이 본문을 여러분 자신의 표현으로 바꾸어 서술해 보면서 그 기자의 심정을 헤아려 보십시오.
- 여러분이 이 본문으로 설교한다면, 청중 가운데 심한 우울증을 겪는 이들이 있을지 모른다는 점을 염두에 두십시오. 그들이 여러분에게 말했든 그렇지 않든 말입니다. 우울증을 앓는 많은 사람들이 이를 꽤 잘 숨깁니다. 그러니 회중에게 메시지를 전할 때 늘 신중하고 민감하게 접근해야 합니다.

2. 헛된 것에 대한 이기적인 집착의 위협(36-37절)

시편 기자는 헛된 것에 대한 집착을 자기 삶에 대한 두 번째 위협이자 죽음을 불러오는 것으로 여기고, 하나님이 그로부터 자신을 구원해 주시기를 간구합니다. 그는 우리가 무언가를 보고 탐욕을 품을 때 유혹이 시작된다는 것을 잘 알고 있었습니다. 그렇기에 다음 구절들에서 시편 기자는 온갖 유혹으로부터 눈을 돌리게 해 주시기를 간구합니다. 그리고 자기 마음(히브리어로는 '정신')이 늘 하나님에게 집중하게 해 주시기를 간구합니다.

> 내 마음이 주의 말씀으로 향하게 하시고
> 이기적인 욕심으로 치우치지 않게 하소서.
> 내 눈을 돌이켜 헛된 것을 보지 않게 하시고
> 주의 말씀으로 내 삶을 새롭게 하소서. (36-37절, 현대인의성경)

시편 기자는 우리가 물질적인 이익을 추구하며 탐욕과 탐심에 빠져 자신의 욕망에 집중할 때 실제로는 우리의 기대와 상반되는 결과가 임한다는 것을 분별할 만큼 지혜로웠습니다. 그러할 때 우리는 무언가를 얻는 것이 아니라 자신의 전부를 상실하며, 더 나은 삶의 길로 나아가는 것이 아니라 지금까지 누려 온 삶을 송두리째 빼앗길 위험에 처하게 됩니다.

예수님은 이에 관해 이렇게 훈계하셨습니다. "네 보물 있는 그 곳에는 네 마음도 있느니라"(마 6:21). 그리고 나중에 이렇게 말씀하셨습니다. "사람이 만일 온 천하를 얻고도 제 목숨을 잃으면 무엇이 유익하리요? 사람이 무엇을 주고 제 목숨과 바꾸겠느냐?"(마 16:26) 시편 기자도 이런 위험성을 어느 정도 분별하고 있었기에, 자신의 삶을 허비하는 일들, 그리고 생명을 약속하지만 실제로는 죽음을 가져오는 일들에 대한 집착에서 건져 주시기를 하나님에게 구하고 기도했던 것입니다.

본문에 언급되는 "이기적인 욕심"과 "헛된 것"은 다양한 것을 아우릅니다. 그중에서 가장 위험한 것 중 하나가 바로 물질적인 부일 것입니다. 이에 관해 예수님은 다음과 같이 예리하게 경고하십니다. "삼가 모든 탐심을 물리치라. 사람의 생명이 그 소유의 넉넉한 데 있지 아니하니라"(눅 12:15).

그리고 예수님이 한 부자 청년을 만나신 일이 있었습니다. 그 청년은 시편 기자와 같은 마음으로 영생의 비결이 무엇인지 질문했습니다. 그는 마지막 날에 구속을 받아 의롭게 된 하나님의 백성 사이에 있어서 다가올 나라의 생명, 즉 예수님이 말씀하신 하나님 나라의 새 생명을 상속받기를 갈망했습니다. 예수님은 그에게 그 비결을 알려 주셨습니다. 예수님은 다른 무엇보다 그 청년의 삶에서 참된 생명을 상속받는 데 방해가 되는 것을 정확히 지적하셨습니다. 그것은 생명을 해치는 것이었습니다. 그것은 바로 물질적인 부에 대한 집착과 물질을 내려놓고 예수님 따르기를 거부하는 태도였습니다. 이 이야기는 안타깝게도 생명의 길을 제시받은 그 청년이 슬픈 기색을 띠고 죽음의 길을 향해 되돌아가는 것으로 끝납니다(마 19:16-22). 그는 시편 기자가 기도했던 것처럼, 자신의 마음을 이기적인 욕심과 헛된 것으로부터 돌이켜 주님의 말씀에 따라 새로운 생명을 얻게 해 주시도록 예수님에게 맡기지 않았습니다.

- 과연 "헛된 것"은 어떤 면에서 생명을 대적하며, "이기적인 욕심"은 어떤 면에서 하나님의 규례에 어긋날까요?
- 여러분의 삶 속에도 "헛된 것"이나 "이기적인 욕심"으로 묘사될 만한 것들이 있나요? 하나님이 우리에게 후히 베푸셔서 누리게 하시는 일상의 즐거움이나 휴식과 그것들을 혼동하지 않도록 주의하십시오. 이러한 것들이 여러분을 향한 하나님의 목적에 위협이 될 수 있음을 깨닫는 것은 어떠한 의미가 있을까요?

3. 고통과 적대감의 위협(50, 107, 154절)

시편 기자가 하나님에게 자기 삶을 보존해 주시거나 새롭게 해 주시기를 간구할 때 그의 생명을 위협하는 세 번째 상황을 들을 수 있는데, 그것은 바로 고난입니다. 제 생각에 그 고난은 특히 다른 사람들의 적대감과 반대, 또는 비판으로 인해 발생합니다.

이 말씀은 나의 고난 중의 위로라.
주의 말씀이 나를 살리셨기 때문이니이다. (50절)

나의 고난이 매우 심하오니
여호와여, 주의 말씀대로 나를 살아나게 하소서. (107절)

주께서 나를 변호하시고 나를 구속하사
주의 약속대로 내 삶을 보존하소서. (154절, NIV)

그 단서를 제공하는 것은 바로 세 번째 구절입니다. "나를 구속하사"라는 말은 시편 기자 개인적인 죄에 대한 용서를 간구하는 표현이 아닙니다. 오히려 그는 다른 사람들의 공격으로부터의 구원을 요청하고 있습니다. 그에게는 구원의 손길이 절실히 필요합니다. 누군가 자신의 곁에 서서 옹호해 주기를 간곡히 바라고 있습니다. 이는 50절과 107절에서 언급되는 그의 고통이 이 책 8장에서 다룬 것과 비슷한 무언가로 인해 생겨난 것임을 시사합니다. 곧 그 고통은 시편 기자가 공적인 역할을 감당하는 동안 지속적으로 겪고 있던 적대감과 반대 때문에 발생한 것입니다. 그는 하나님이 자신을 위로하시고 옹호하시며 구속하시는 동시에 자기 생명을 보존해 주시기를 간구하며 부르짖습니다. 그는 죽음의 위협 아래 있습니다. 원수들의 오랜 적대감이 그의 생명을 짓누르고 있습니다.

내적인 우울의 고통을 안고 살아가는 일은 우리에게 치명적인 위협이 될 수 있습니다. 그리고 사람들의 지속적인 비판과 반대, 적대감으로 인한 외적인 고통을 감내하는 일 역시 마찬가지입니다. 지금도 많은 그리스도인들이 비그리스도인 가족과 동료, 혹은 정부 당국의 반대나 핍박을 겪으면서 살고 있습니다. 그리고 안타깝지만 교회 내부에서도, 마땅히 더 나은 길로 행해야 할 사람들이 목회자들과 지도자들의 삶을 비참하게 만드는 경우가 있습니다. 이는 영혼을 파괴하고, 삶을 무너뜨리며, 끝내 죽음을 불러오곤 합니다.

어쩌면 여러분도 그런 처지에 놓인 적이 있을지 모릅니다. 그렇다면 사람들의 끊임없는 비판으로 기쁨과 생명력이 소진될 때 찾아오는 어두운 무감각을 경험해 보았을 것입니다. 또다시 그런 상황이 닥쳐온다면, 시편 55편과 56편이 바로 여러분 같은 이들을 염두에 두고 기록된 것임을 기억하기 바랍니다. 우리는 시편 기자처럼 비둘기의 날개를 가져서 모든 것을 뒤로하고 멀리 날아가 버리고 싶다고 간절히 바랄 때가 있을 것입니다(시 55:6-8). 그리고 다음과 같은 시편 56:11의 위대한 확언을 붙들어야 할 때가 있을 것입니다.

> 내가 하나님을 의지하였은즉 두려워하지 아니하리니
> 사람이 내게 어찌하리이까?

아니면 지금 여러분 자신이 그렇게 혹독한 비판을 가하는 편에 속해 있을 수도 있습니다. 그렇다면 저는 여러분에게 더욱 신중한 자세를 권고하고 싶습니다. 여러분과 주위의 지인들이 누군가를 향해 쏟아 놓는 불평과 반대가 아무리 정당하고 옳게 여겨질지라도, 다시금 심사숙고해 보기 바랍니다. 물론 여러분은 최선의 동기에서 그렇게 한다고 생각할 수도 있습니다. 하지만 그렇더라도 주님 앞에서 그분이 주신 은혜와 긍휼의 영을 힘입어 말하도록 노력하기 바랍니다. 만일 여러분이 "사랑 안에서 진리를 말하기" 원한다면(슬프게도 자주 남용되는 성경 구절), 파괴적인 비판이 아니라 건설적인 비판을 하십시오. 여러분의 말은 생명을 빼앗는 것이 아니라 생명을 베푸는 것이 되어야만 합니다. 기독교 지도자들은 때로 심한 비판을 겪은 후에 실제로 세상을 떠나기도 합니다. 부디 여러분은 그런 암살자의 대열에 끼지 않기를 바랍니다.

- 시편 기자처럼 "주의 말씀대로 나를 살아나게 하소서"라고 기도하십시오. 그렇게 회복하기 위해서는 회개와 새로운 결단과 의지의 실천이 필요할 수 있음을 인식하십시오(이 책 6장을 보십시오).
- 설교에 대한 반대를 경험한 적이 있나요? 그 이유가 무엇인지 곰곰이 생각해 보십시오. 여러분이 하나님의 말씀을 올바르게 설명하고 적용하는데 사람들이 불편해하기 때문인가요? 아니면 여러분이 끊임없이 자신의 의견과 주제만을 강요하기 때문인가요? 전자라면 이 시편의 몇 구절을 따라 기도해야 할 것입니다.

더 깊이 나아가기

고린도후서 4:11-12을 읽으십시오.

사망이 "우리 안에서" 또 주위 세상 속에서 "역사"하는 모습을 어떤 식으로 목격할 수 있을까요? 죽음과 부패 아래 놓인 세상을 향해 우리는 어떻게 반응해야 할까요?

여러분이 시련과 갈등을 겪을 때 자주 묵상하는 성경 구절이 있나요? 성경에는 여러 놀라운 격려의 말씀들이 담겨 있습니다. 이제 이사야 55:6-13을 펴서 읽어 보십시오. 여러분이 현재 처한 상황과 곤경 속에서도 이 말씀에 의지해 우리 하나님에게 찬양과 감사의 기도를 드리십시오.

묵상과 토론을 위한 질문

우리는 죽음의 악취를 풍기는 일들이 우리의 삶 속으로 늘 침투해 오는 세상에서 살고 있습니다. 설령 그 일들이 우리의 신체적인 생명 자체를 해치지는 않을지라도, 감정적, 영적, 심리적 측면에서 우리의 생명을 위협하곤 합니다. 시편 기자와 마찬가지로, 우리는 그러한 것들을 파악하고, 이름을 붙이며, 부끄럽게 만들고, 참된 생명을 주시는 하나님의 능력을 그 위에 선포해야 합니다.

지금 여러분의 삶을 갉아먹는 일들은 무엇인가요? 아직 하나님에게 고백하지 않은 죄일 수도 있습니다(시 32편을 보십시오). 아니면 고집이나 교만, 자기 연민이나 불순종, 또는 누군가와의 불경건한 관계일 수도 있습니다. 여러분의 문제가 어떤 것이든 간에, 지금 그것이 여러분 자신의 삶을 깊이 위협하고 있음을 인식하십시오. 그리고 시편 기자와 함께 다음의 기도를 드리기 바랍니다. "주여, 제 삶을 새롭게 하시고 회복시켜 주소서. 제 생명을 소생시키셔서, 이제부터 온전히 당신을 위해 살게 하소서."

12. 생명의 원천

119:169-176

목표: 회복의 참된 의미와 근원을 되새기기

주제에 집중하기

죄 문제에 대한 해답이 필요했을 때, 시편 기자는 그 유일한 답이 하나님에게 있음을 알았습니다(이 책 7장을 보십시오). 그리고 자신의 삶을 향한 다양한 위협에 맞닥뜨렸을 때, 그는 참된 생명의 근원이 오직 하나님에게 있음을 깨달았습니다(이 책 11장을 보십시오). 그렇기에 자신의 생명을 위해 간구하는 모든 구절에서 시편 기자는 하나님의 성품과 말씀에 근거해 기도를 드립니다. 이는 우리의 경우에도 마찬가지입니다. 우리 역시 하나님이 어떤 분인지, 그분이 어떤 말씀을 하셨는지 알기에 새 생명의 선물을 위해 하나님에게 나아갈 수 있습니다.

읽기: 시편 119:169-176

핵심 구절: 시편 119:175

개요

1. **하나님의 성품**(40, 77, 159절)

   a. **하나님의 의**(40절)

   b. **하나님의 긍휼**(77절)

   c. **하나님의 사랑**(159절)

2. **하나님의 말씀**(25, 37, 50, 107, 116, 149, 154, 156절)

   a. **"주의 말씀"**(25, 37, 107절)

   b. **"주의 약속"**(50, 116, 154절)

   c. **"주의 규례들"**(149, 156절)

3. **회복과 그 결과**(17, 175절)

   a. **순종**

   b. **찬양**

   c. **회복**

"제 이름은 마틴입니다. 저는 살아서 지금 여기 있습니다." 지난 장에서 제가 언급했던 아프리카의 컨퍼런스에서 가진 나눔 시간 첫머리에 그는 이렇게 이야기했습니다. 마틴의 말뜻은 그가 살아서 우리 앞에 서 있지만, 우리 모두 그 사실을 당연하게 여겨서는 안 된다는 것이었습니다. 하나님은 자칫하면 목숨을 앗아갈 뻔했던 감전 사고와 이후의 방화 사건에서 그를 지켜 주셨습니다. 그리고 약 일 년 전에 개인적인 여러 요인과 선교 사역의 스트레스로 인해 무너졌던 그의 정서적인 삶도 하나님의 은혜로 회복되었습니다. 마치 하나님이 그의 생명을 되돌려 주신 것과 같았습니다. 그리하여 우리는 마틴과 함께 신실하시고 온유하신 하나님을 찬양했습니다. 우리가 곤경에 처할 때 자비의 천사들을 보내 주시는 것에 감사했습니다. 그리고 무엇보다도 우리에게 생명을 주시는 하나님의 말씀을 함께 기뻐했습니다.

1. 하나님의 성품(40, 77, 159절)

시편 기자는 하나님의 성품이야말로 자신이 하나님에게 담대하게 생명을 간구할 수 있는 이유임을 알았습니다. 그렇기에 이 시편에서 그는 하나님의 세 가지 성품, 즉 의와 긍휼과 사랑에 초점을 맞추고 있습니다.

a. 하나님의 의(40절)

> 내가 주의 법도들을 사모하였사오니
> 주의 의로 나를 살아나게 하소서. (40절)

40절이 상당한 충격으로 다가올 수 있습니다. 우리가 하나님의 의를 심판과 진노, 형벌과 연관 지어 생각하는 경향이 있기 때문입니다. 우리가 결코 하나님의 의에 부합하는 수준에 도달할 수 없는 탓에, 우리는 그 의를 마치 형벌을 위한 잣대처럼 생각하곤 합니다. 종교개혁자 마르틴 루터 역시 처음에 이런 식으로 생각했기 때문에, 복음 안에 하나님의 의가 나타난다는 바울의 진술(롬 1:17)에 대해 매우 곤혹스러워했다고 고백합니다. 율법 안에서야 의가 명확히 나타나지만, 복음 안에서는 어떻게 나타난다는 것일까요?

물론 죄인들에 대한 하나님의 심판이 그분의 의로운 성품의 표현이라는 것은 사실입니다. 하지만 실제로 구약에서 하나님의 의는 그분의 진노보다도 그분의 구원과 결부되어 언급될 때가 더 많습니다. 이 점을 믿기 어렵다면, 성구 사전을 가져다가 구약에서 '의롭다'나 '의'라는 단어들이 하나님에게 적용된 경우를 전부 살펴보기 바랍니다. 주 여호와는 자신의 백성을 옹호하시고 구출하시고 구원하시고 해방시키시는 하나님입니다. 즉, 그들을 그릇된 상황에서 건져 내 온전케 하시는 것입니다. 하나님이 '의를 행하신다'는 말씀의 의미가 바로 여기에 있습니다. 이사야 45:21에 따르면, 주님은 "공의를 행하며 구원을 베푸는 하나님"이십니다. 이 말씀의 의미는 "의로우신 하나님이지만 때로는 누군가를 곤경에서 건져 내기도 하신다"는 데 있지 않습니다. 오히려 이 구절에서 '공의를 행하는 것'과 '구원을 베푸는 것'은 평행 어구로서, 기본적으로 동일한 의미를 내포합니다. 주님은 의로우신 하나님이며, **그렇기에** 자기 백성을 죄와 속박에서 건져 내는 구주가 되십니다.

구약에서 하나님의 의는 모든 일을 바로잡으시는 하나님의 행동을 의미합니다. 바로잡는다는 것은 그릇된 일을 행하는 자들을 식별하고 심판하는 것뿐만 아니라, 무고하게 소송에 휘말린 자들이나 불의한 상황에서 억압받는 자들을 변호하고 회복시키는 것을 포함합니다. 후자의 경우 그것은 마치 자신의 삶을 되찾는 것과 같을 것입니다. 사형에 해당하는 범죄로 억울하게 고발된 사람에게는 말 그대로 생명을 구하는 것과 같을 것입니다.

이제 우리는 시편 기자가 하나님을 향해 자신의 생명을 보존해 주시기를 간구하면서 그분의 의에 호소하는 이유를 이해할 수 있습니다. 그는 이렇게 말하지 않았습니다. "하나님, **제가 의로우니** 저를 건져 주십시오. 저는 하나님의 은혜를 입을 만한 자이지 않습니까? 제가 당신의 복을 누릴 만한 일을 행했으니, 부디 저를 돌아보아 주십시오." 오히려 그는 이렇게 호소합니다. "하나님, **오직 하나님이 의로우시니** 저를 구해 주십시오. 주님은 의로운 구원과 해방의 행적을 우리 민족의 역사 속에서 행하신 하나님이십니다. 주님의 의로우심은 복된 소식이기에, 그 위에 제 삶의 소망을 내어 맡깁니다."

우리가 알다시피, 신약의 관점에서 살필 때 사람을 구원하시는 하나님의 의는 궁극적으로 그리스도의 십자가에서 드러났습니다. 바울이 로마서에서 진술하듯이, 그리스도의 희생은 인간의 죄에 대한 하나님의 의로우신 심판인 동시에 죄인들을 구원하시는 그분의 의가 드러나는 사건이었습니다. 이로 인해 바울은 다음과 같이 선언할 수 있었습니다.

> 내가 복음을 부끄러워하지 아니하노니 이 복음은 모든 믿는 자에게 구원을 주시는 하나님의 능력이 됨이라. 먼저는 유대인에게요 그리고 헬라인에게로다. 복음에는 하나님의 의가 나타나서 믿음으로 믿음에 이르게 하나니 기록된 바 오직 의인은 믿음으로 말미암아 살리라 함과 같으니라. (롬 1:16-17)

마르틴 루터가 이 진리를 깨닫기까지는 다소 시간이 필요했습니다. 하지만 유명한 개혁자가 되기 전까지 여러 해 동안 몸담았던 비텐베르크 대학에서 시편을 강의하는 동안 그는 복음의 핵심 요체를 조금씩 파악하기 시작했습니다. 이 학교에서 시편을 가르치면서 그는 성경에서 언급하는 '하나님의 의'가 곧 우리를 구원하시는 의를 나타낸다는 것을 점차 깨닫게 되었습니다. 그 관점에 근거해 로마서의 이 당혹스러운 본문을 온전히 이해하게 되었던 것입니다. 루터는 시편 읽기를 통해 은혜 안에서 믿음으로 의롭다 하심을 얻는다는 그 위대한 진리에 이른 셈입니다.

하나님의 의를 더 자세히 이해하고 싶다면, 다음의 시편 본문들을 읽고 이어지는 질문들에 대해 생각해 보십시오.

시편 35:24-28

- 이 시편 기자가 무엇에 근거해서 하나님에게 간청한다고 생각하나요?
- 하나님이 의를 좇아 행하신다면, 그것은 시편 기자에게 어떤 의미가 있을까요?
- 그를 공격하던 자들에게는 어떤 의미가 있을까요?

시편 37:5-10

- 이 본문은 간청이라기보다 오히려 송축에 가깝습니다. 시편 기자는 시적 평행법을 통해 어떤 단어들을 서로 연결하고 있나요?
- 10절을 고려할 때, 하나님의 사랑과 의를 대조하며 서로 대립시키는 것이 과연 가능할까요? 우리가 왜 때때로 그렇게 하는 걸까요?

시편 40:9-10

- 본문에서 시편 기자는 자신이 "의의 기쁜 소식을 전하[겠다]"고 다짐합니다. 그 말에 어떤 의미가 담겨 있다고 생각하나요? 그리고 위에서 다룬 여러 본문에 근거해 생각할 때, 우리는 하나님의 의에 대해 어떻게 설교해야 할까요?

b. 하나님의 긍휼(77절)

주의 긍휼히 여기심이 내게 임하사 내가 살게 하소서.

주의 법은 나의 즐거움이니이다. (77절)

영어권에 속한 신자들의 경우 "우리의 마음(heart)을 주님에게 바칩니다"라고 고백하지만, 아프리카의 일부 지역에서는 "우리의 복부(stomach)를 주님에게 바칩니다"라고 고백합니다. 그들에게 '복부'는 곧 자기 존재의 중심을 상징하기 때문입니다. 나아가 고대 히브리인들은 감정의 좌소가 그보다 낮은 곳, 곧 창자(bowel)에 위치한다고 보았습니다. 바로 그곳에서 우리가 연민과 공감 같은 감정을 느낀다는 것입니다. 77절에서 "긍휼"로 번역된 히브리어 단어는 우리의 존재 밑바닥, 이를테면 '배 속 깊은 곳'(in your guts)에서 느끼는 감정을 지칭합니다. 하나님은 그곳에서 우리를 향한 긍휼과 동정을 느끼십니다. 그것은 궁핍한 자들을 향한 하나님의 부드러운 긍휼의 내적인 움직임입니다.

앞서 3부에서 보았듯이, "긍휼"은 구약에서 하나님의 이름으로 제시된 용어 중 하나입니다. 그것은 하나님의 인격적인 정체성에 속한 본질 중 하나로서, 바위 틈에 숨은 모세에게 하나님이 당신의 이름을 선포하실 때 처음으로 표현되었습니다.

> 여호와께서 그의 앞을 지나시며 선포하시되 "여호와라, 여호와라. 긍휼이 많고 은혜롭고 노하기를 더디하고 인자와 진실이 많은 하나님이라. 인자를 천 대까지 베풀며 악과 과실과 죄를 용서하리라. 그러나 벌을 면제하지는 아니하고." (출 34:6-7, NIV)

7장에서 우리는 시편 기자에게 자신의 죄를 용서하시는 하나님의 은혜와 긍휼이 얼마나 중요한지를 살펴보았습니다. 여기서 은혜와 긍휼은 생명을 추구하는 그의 여정에 속한 일부가 됩니다. 이것이 바로 시편 기자를 북돋아 준 영성입니다. 그는 참된 생명을 원했기에 하나님의 긍휼로 달려갔고, 우리도 그렇게 하도록 격려하고 있습니다.

• 시편 103편 역시 하나님의 긍휼을 그분이 우리에게 베푸시는 충만한 생명과 연관 짓습니다. 그 시편을 잘 알 수도 있겠지만, 다시 한번 천천히 읽어 보기 바랍니다. 우리의 삶을 더욱 풍성하게 만드시는 하나님의 축복(1-5절), 하나님의 의와 긍휼 사이의 연관성(6-7절), 출애굽기 34:6의 메아리(8절), 부모의 긍휼과의 비교(13절) 등을 음미해 보십시오.

c. 하나님의 사랑(159절)

내가 주의 법도들을 사랑함을 보옵소서.

여호와여, 주의 사랑을 좇아 내 생명을 보존해 주소서. (159절, NIV)

이 구절에는 두 개의 서로 다른 히브리어 단어가 쓰였는데, 영어에서 이들은 모두 "사랑"(love)으로 번역되며 사람이나 하나님에 관해 다 사용될 수 있습니다. 여기서 '헤세드'(*hesed*, "주의 사랑")는 신실하며 언약적인 사랑, 곧 상대방과의 관계에 대한 깊은 충성과 헌신을 의미합니다. 이것 역시 여호와 하나님의 본질적인 성품 중 하나입니다. 이 단어는 시편 136편에서 무려 스물 여섯 번에 걸쳐 반복되는데, 절마다 다음 후렴구가 나오기 때문입니다. "그 인자하심(헤세드)이 영원함이로다."

시편 기자는 생명을 원하기에 하나님의 사랑에 의지합니다. 이는 사랑이야말로 참된 생명을 가져다주기 때문입니다. 우리는 평범한 인간관계 속에서도 이 원리를 확인할 수 있습니다. 누군가의 사랑을 받을 때 우리의 삶이 더 나아지기 때문입니다! 사람들은 말 그대로 다른 이들의 사랑을 받아 생명과 건강을 되찾곤 합니다. 사랑은 우리의 삶을 지탱하고 소생시키며, 우리를 깊은 슬픔과 고통의 수렁에서 건져 냅니다. 그간 얼마나 많은 소설들과 영화들이 이 사실을 찬미해 왔는지요! 이처럼 헌신적인 사랑은 우리의 삶을 가치 있게 만드는 모든 일의 원천입니다.

평범한 인간의 사랑에도 이런 힘이 있다면, 크신 하나님의 사랑에는 얼마나 더 큰 힘이 있을까요? 그렇기에 시편 63:3은 그분의 사랑을 생명 자체보다 귀한 것으로 높입니다.

주의 사랑이 생명보다 나으므로
내 입술이 주를 찬양할 것이라. (NIV)

하나님의 사랑은 복음의 핵심입니다. 이는 우리를 위한 영생의 원천이 사랑에 있기 때문입니다. "하나님이 세상을 이처럼 사랑하사 독생자를 주셨으니 이는 그를 믿는 자마다 멸망하지 않고 영생을 얻게 하려 하심이라"(요 3:16).

하나님이 자신을 살려 주시기를, 자신의 생명을 새롭게 하시고 회복시키시기를, 자신의 생명을 보존해 주시기를 갈망할 때, 시편 기자는 단지 자신이 지금 곤경에 처해 있음을 호소하는 데 그치지 않습니다. 그는 그저 "하나님, 저를 돌아봐 주십시오"라고만 부르짖지 않습니다. 오히려 그는 이렇게 간청합니다. "주님, 당신의 영원하신 성품에 근거해서 제게 생명을 주소서. 당신은 의롭고 긍휼이 풍성하며 사랑이 많으신 하나님이십니다. 당신의 성품이 그러합니다. 그러니 이제 당신의 생명을 제 삶 속에 부어 주시기를 간구합니다. 저에게 생명을 주옵소서!"

삶이 회복되고 새로워져야 한다고 생각할 때, 여러분은 무엇에 의지하나요? 여러분에게 생명을 주는 것은 무엇인가요? 책? 컨퍼런스? 그리스도인들을 위한 휴양지? 특별 강좌나 수련회? 최신 영적 기법?

그런데 혹시 하나님 앞에 나아가는 일은 시도해 보았나요?

하나님 앞에 나아갈 때 여러분이 찾는 그분이 성경의 하나님이심을 확신할 수 있어야 합니다. 여러분이 스스로 상상해 낸 어떤 존재나 다른 사람이 그럴싸하게 내세우는 '영적인 삶의 비결'을 좇아서는 안 됩니다. 오직 살아 계신 주 하나님, 성경에서 자신을 계시하신 바로 그 하나님을 찾고 의지해야 합니다. 그분은 곧 의와 긍휼, 사랑의 하나님이십니다.

- 시편 119편은 우리 삶의 회복을 하나님의 의, 긍휼, 사랑과 연관 짓습니다. 하나님의 성품이나 속성 중에 그 목록에 추가할 만한 것은 무엇일까요? 자신이 생각해 낸 답을 뒷받침해 주는 성경 본문들을 제시해 보십시오.
- 여러분이 설교자라면, 하나님에 관한 이 위대한 진리가 담긴 성경 본문들을 얼마나 자주 설교하고 있나요? 우리는 어떤 일을 **행하도록**, 즉 회개하거나 신뢰하거나 정직하도록 격려하는 본문을 택해 말씀을 전하려는 유혹에 빠지기 쉽습니다. 하지만 살아

계신 하나님의 의와 긍휼, 사랑에 관한 성경의 심오한 진리들을 깨달을 때, 사람들은 비로소 위로와 소망을, 아니 생명 자체를 발견할 수 있습니다.

2. 하나님의 말씀(25, 37, 50, 107, 116, 149, 154, 156절)

시편 기자가 자기 삶을 새롭게 해 주시거나 자신을 살려 달라고 간구하는 열네 개의 구절 가운데▸ 여덟 구절은 그러한 간청을 하나님 말씀의 특정 차원과 연관시킵니다. 그리고 그 구절에는 "…대로"라는 표현과 함께 그가 하나님의 말씀을 지칭할 때 즐겨 쓰는 표현이 등장합니다.▸▸ 곧 하나님에게 자신의 생명을 건져 주시기를 청할 때, 그는 그분의 **말씀**(세 차례)과 **약속**(두 차례), 그리고 **법도**(두 차례)에 근거합니다. 이제 각각의 표현을 차례로 살펴보겠습니다.

a. "주의 말씀"(25, 37, 107절)

아래 세 구절은 각각 서로 다른 위협적인 경험을 가리키지만, 제시하는 해답은 같습니다. 바로 하나님의 말씀입니다.

▸ 그 구절들은 모두 5부 서론 부분인 196-198쪽에 인용되어 있다.

▸▸ 시편 119편에서 하나님의 말씀을 지칭하는 데 쓰인 여덟 개의 히브리어 표현에 관해서는 이 책 서론의 19쪽을 보라.

내 영혼이 진토에 붙었사오니
주의 말씀대로 나를 살아나게 하소서. (25절)

내 눈을 돌이켜 허탄한 것을 보지 말게 하시고
주의 말씀대로 내 삶을 보존하소서. (37절, NIV)

나의 고난이 매우 심하오니
여호와여, 주의 말씀대로 나를 살아나게 하소서. (107절)

우리가 하나님의 말씀을 언급할 때, 이는 대개 성경(Bible)으로 지칭되는 구약과 신약의 책들을 의미합니다. 물론 구약 신자들의 경우, 그들이 살던 시대에 따라 성경의 일부만을 가지고 있었습니다. 하지만 (시편 기자가 보여 주는 바와 같이) 그들은 주어진 성경을 깊이 사랑하고 존중했습니다. 그리고 그들은 더 깊고 넓은 의미에서의 하나님 말씀에 대해서도 한두 가지씩 알고 있었습니다.

그들은 특히 하나님의 말씀을 창조 세계에서 드러나는 그분의 능력과 결부시켰습니다. 우리는 이것을 하나님이 말씀하시자 그대로 이루어졌던 성경 첫 장을 통해 알 수 있습니다. 시편 기자들은 하나님의 말씀에 담긴 그 능력을 기뻐했습니다.

여호와의 말씀으로 하늘이 지음이 되었으며
그 만상을 그의 입 기운으로 이루었도다.
그가 바닷물을 모아 무더기같이 쌓으시며
깊은 물을 곳간에 두시도다.
온 땅은 여호와를 두려워하며
세상의 모든 거민들은 그를 경외할지어다.
그가 말씀하시매 이루어졌으며
명령하시매 견고히 섰도다. (시 33:6-9)

우리는 창조에 관한 성경의 가르침에 너무 익숙해진 나머지, 이 아름다운 시에서 선포되는 엄청난 사실에 더 이상 경탄하지 않기 쉽습니다. 하지만 실제로는 광활한 은하계들의 움직임을 관장하는 방정식부터 우리 몸의 지극히 작은 세포 속에 담긴 놀랍도록 복잡한 DNA 정보에 이르기까지 이 모든 것이 하나님의 말씀에 힘입어 생겨나 지금도 날마다 유지되고 있습니다. 이를테면 우주의 무수한 별들은 그분의 숨결 가운데 빚어졌고, 세상의 깊고 넓은 바다는 그분의 유리병 속에 담겨 있습니다. 우리가 거주하는 이 지구 전체도 그분이 명령하셨기에 존재하는 것입니다.

이처럼 하나님의 말씀이 우주에 존재하는 모든 생명의 원천이라면, 시편 기자가 참된 생명을 구하기 위해 그 말씀 앞에 나아가야 한다고 여기는 것은 당연한 일입니다. 우리는 살아 계신 하나님에게로 나아가 그분의 살아 있는 말씀으로부터 생명을 얻어야 합니다. 이에 관해 찰스 웨슬리는 자신의 찬송시 "만 입이 내게 있으면"(O for a thousand tongues)에서 이렇게 노래합니다.

그분은 말씀하시네.
그리고 그분의 음성을 들을 때,
죽은 자들이 새 생명을 얻는다네.

- 하나님 말씀의 어떤 점이 어려운 상황 속에서 생명을 주나요?
- 이 시편 기자의 기도와 같은 기도가 하나님의 말씀을 통해 응답받은 경험이 있다면 나눠 보십시오.
- 여러분이 설교자라면, 하나님의 말씀이 우리에게 생명을 준다는 확신의 회복이 필요하지는 않나요? 여러분이 성경을 연구할 때 하나님이 그 말씀을 깨우쳐 주셔서, 다른 이들에게도 생명을 전하고 나누게 해 주시기를 기도하십시오.

b. "주의 약속"(50, 116, 154절)

다음의 인용된 구절들은 생명을 향한 시편 기자의 열망을 하나님의 약속과 연관 짓고 있습니다. 각각의 경우에 그가 구체적으로 바라는 것이 무엇인지 살펴보십시오. 시편 기자는 그 바람들이 그분의 약속에 근거해 이루어질 것임을 믿고 있습니다.

내 고난 중의 위로는 바로
주의 약속이 내 삶을 보존하심이니이다. (50절, NIV)

주의 약속대로 나를 붙들어 살게 하시고
내 소망이 꺾이지 않게 하소서. (116절, NIV)

주께서 나를 변호하시고 나를 구하사
주의 약속대로 내 생명을 보존해 주소서. (154절, NIV).

이 구절들의 핵심 단어는 위로와 소망 그리고 구원입니다. 시편 기자는 하나님이 고난 중에 위로하시고 연약할 때 붙드시며 사악한 공격으로부터 구원해 주시기를 간구합니다. 그는 각각의 상황에서 오직 하나님의 약속만을 바라보고 의지합니다. 그는 온갖 시련과 역경 속에서도 바로 하나님의 약속에서 참된 생명을 발견할 것입니다.

• 우리는 신약에 주어진 하나님의 여러 크고 귀한 약속들에 익숙합니다. 그런데 이 구

약의 신자가 알고 있었을 구체적인 약속들은 무엇이었을까요?

c. "주의 규례들"(149, 156절)

하나님이 말씀과 약속을 통해 생명을 주신다는 것은 받아들이기 어렵지 않습니다. 그런데 "주의 규례들을 따라" 살려 달라고 간구하는 것에 관해 생각해 본 적이 있나요? 다음의 구절들에서 "주의 규례"와 나란히 언급되는 단어가 무엇인지를 살펴보십시오.

> 주의 사랑을 좇아 내 간구를 들어 주소서.
> 여호와여, 주의 규례대로 내 생명을 보존하소서. (149절, NIV)

> 여호와여, 주의 긍휼이 크시오니
> 주의 규례대로 내 생명을 보존해 주소서. (156절, NIV)

이런 시편 기자의 호소가 당혹스럽게 여겨질 수 있습니다. 로마서와 갈라디아서에서 율법이 사망과 정죄를 가져온다는 사도 바울의 엄중한 음성이 우리 마음속에 메아리처럼 들려오기 때문입니다. 하지만 바울의 글들을 살필 때, 당시 하나님의 율법을 무거운 짐으로 변질시킨 이들과의 신학적 분쟁에 연관되어 있었던 정황을 염두에 두어야 합니다. 이들에게 율법 준

수는 곧 자신들이 하나님의 언약 백성의 일원임을 드러내는 결정적인 표지였으며, 그 율법은 모든 비유대인을 철저히 배제시키는 기준과 같았습니다. 빌립보서 3:1-6에서 언급하듯 바울 자신도 이전에는 그런 사고방식을 갖고 살았지만, 이제는 그리스도를 향한 믿음 안에서 참된 의와 구원을 발견했습니다. 우리에게 주로 요구되는 것은 율법이 아니라 믿음이었습니다. 이것은 구약에서도 마찬가지였습니다! 그렇기에 바울은 구약 자체와 논쟁한 것이 아니라, 구약을 왜곡해 본래의 핵심을 잃어버린 체계로 변질시킨 사람들과 논쟁한 것이었습니다. 사실 구약의 핵심은 하나님의 약속을 믿고 그분의 은혜를 신뢰함으로써 누리게 되는 하나님과의 관계에 있었습니다.

바울이 알고 사랑했던 성경에 이 시편 119편을 비롯해 하나님의 율법을 찬미하는 다른 여러 시편(시편 1편과 19편 등)이 포함되어 있었음을 기억해야 합니다. 그는 이 시편 기자가 간직했던 것과 동일한 믿음을 품었으며, 위의 구절들에 담긴 기도를 따라 늘 기도했을 것입니다.

그러면 시편 기자가 "주의 규례들을 따라" 생명을 구하는 이유는 무엇일까요? 율법 안에 있는 어떤 특징이 우리에게 생명을 주는 걸까요? 여기서 그가 하나님의 율법과 결부시키는 두 단어를 다시 살펴볼 필요가 있으니, 사랑과 긍휼이 바로 그것입니다. 과연 구약의 이스라엘 백성은 어디에서 하나님의 사랑과 긍휼을 배웠을까요? 물론 이야기로부터 배웠겠지만, 하나님이 주신 율법 역시 중요한 통로가 되었을 것입니다. 율법의 많은 부분에서 하나님은 주위 사람들에게 사랑과 긍휼을 베풀 것을 명령하셨습니다. 이를 통해 하나님을 닮아 가야 했던 것입니다. 예를 들어, 구약의 율법은 이스라엘 백성에게 다음 특정 집단들에게 긍휼(때론 생명을 구원하는 긍휼)을 베풀라고 명령했습니다. 주인에게서 도망친 종(신 23:15-16), 궁핍한 채무자(신 15:7-11; 24:6, 10-13), 가난한 노동자(신 24:14-15), 땅이나 가족이 없는 사람(신 14:28-29; 24:19-22), 장애인(레 19:14), 그리고 외국인(출 23:9; 레 19:33-34) 등이 그런 경우였습니다.

이스라엘 백성은 왜 이같이 행해야 했을까요? 이는 그것이 바로 '여호와의 길'이었기 때문입니다. 여호와는 긍휼의 하나님이시기에, 궁핍한 이들을 인자한 손길로 늘 돌보셨습니다. 시편 146:7-9의 저자는 이 사실을 알았는데, 바로 위 단락에서 언급된 것과 같은 율법을 통해 이런 지식을 얻었습니다. 하나님은 이스라엘 백성이 따라야 할 본으로 율법을 주셨습니다.

> 너희의 하나님 여호와는 신 가운데 신이시며 주 가운데 주시요 크고 능하시며 두려우신 하나님이시라. 사람을 외모로 보지 아니하시며 뇌물을 받지 아니하시고 고아와 과부를 위하여 정의를 행하시며 나그네를 사랑하여 그에게 떡과 옷을 주시나니 너희는 나그

네를 사랑하라. 전에 너희도 애굽 땅에서 나그네 되었음이니라. (신 10:17-19)

하나님은 이스라엘 백성에게 그들의 삶을 보존하고 향상시키기 위해 율법을 주었다고 말씀하셨습니다. 율법에 순종하는 것이 그들에게 유익하며, 약속의 땅에서 장수하도록 도와주기 때문입니다. 신명기에서는 바로 이 점을 거듭 강조합니다. 모세는 이스라엘 백성에게 가나안 땅에 들어갔을 때 하나님의 율법을 지키라고 당부하면서 그들이 지금 삶과 죽음 사이에 선택의 기로에 놓여 있다고 말합니다.

내가 오늘 하늘과 땅을 불러 너희에게 증거를 삼노라. 내가 생명과 사망과 복과 저주를 네 앞에 두었은즉 너와 네 자손이 살기 위하여 생명을 택하고 네 하나님 여호와를 사랑하고 그의 말씀을 청종하며 또 그를 의지하라. 그는 네 생명이시요 네 장수이시니 여호와께서 네 조상 아브라함과 이삭과 야곱에게 주리라고 맹세하신 땅에 네가 거주하리라. (신 30:19-20)

이제 시편 기자가 생명을 향한 갈망을 하나님의 율법과 연관 짓는 이유를 이해할 수 있을 것입니다. 여기서 그는 사실상 이렇게 고백하고 있습니다. "주여, 제 생명을 회복시켜 주소서.

당신의 율법에 근거해 주께서도 그렇게 하길 바라신다는 것을 압니다. 율법은 당신이 가난한 이들, 궁핍한 이들, 이방인들을 돌보시는 하나님이심을 일깨워 줍니다. 그리고 저는 지금 그들과 같은 형편에 처해 있습니다. 주여, 그러하오니 율법에서 말씀하신 것과 같이 제 삶을 새롭게 하시고 보호해 주소서."

우리는 시편 기자가 필요한 모든 것을 성경에서 찾는 모습을 거듭 발견하게 됩니다. 그는 성경에서 하나님에 대해, 하나님의 방식과 성품에 대해, 하나님의 말씀과 약속과 율법에 대해 배웁니다. 그러니 그가 잘 알고 있는 성경에 근거해 하나님에게 간청하는 것은 당연한 일입니다. 이는 우리가 지금보다 더욱 열심히 따라야 할 모범입니다. 시편 기자는 생명의 회복을 위해 기도하며, 우리 역시 동일한 원천에서 생명을 구하도록 격려합니다.

- 출애굽기 34:6-8은 은은한 종소리처럼 구약 전체에 걸쳐 울려 퍼집니다. 그 구절의 내용이 언급되는 다음 본문들을 읽으면서, 각각의 경우 배경과 맥락이 어떠한지를 파악해 보십시오. 그리고 구약의 신자들이 자신들의 하나님에 관한 이 근본 진리를 얼마나 소중히 여기고 의지했는지 살펴보십시오(민 14:18; 느 9:17; 시 86:15; 145:8; 욜 2:13; 욘 4:2).
- 신약에서 이 진리가 십자가의 관점에서 또 다른 언어로 표현된 구절에는 무엇이 있을까요?

3. 회복과 그 결과 (17, 175절)

시편 기자가 삶의 회복을 위해 간구하는 열네 절의 목록을 다시 읽어 보면, 그가 때때로 하나님이 자신의 기도에 응답해 주시도록 '동기를 부여하는' 말을 덧붙이는 것을 알 수 있습니다. 하나님이 그의 생명을 회복시켜 주시면 놀라운 일이 일어날 것입니다. 우리가 이미 살펴보았듯이, 시편 기자에게는 그에 대한 분명한 확신이 있었습니다. 그는 슬픔 중에 위로를 받고, 자신을 붙들어 줄 소망을 얻으며, 앞으로 전진하게 할 힘을 얻고, 고난과 핍박 속에서도 흔들리지 않는 용기를 얻을 것이라고 확신했습니다. 우리도 이러한 것들을 잘 알기에 그의 마음에 공감할 수 있습니다.

하지만 하나님에게는 어떤 유익이 있을까요? 하나님이 시편 기자의 기도에 응답하시며 그에게 새 생명을 베푸시고 눈앞의 위험에서 건져 주실 때, 그분은 과연 무엇을 얻으실까요? 이 질문에 답하려면 앞서 열거한 기도 가운데 첫 번째 기도와 마지막 기도를 다시 살펴보아야 합니다. 주님이 자신을 살리신다면 어떤 일을 행하겠다고 다짐하는지를 주의 깊게 살펴보십시오.

> 주의 종을 후대하여 살게 하소서.
> 그리하시면 주의 말씀을 지키리이다. (17절)

내 영혼을 살게 하소서.

그리하시면 주를 찬송하리이다.

주의 규례들이 나를 돕게 하소서. (175절)

눈에 띄는 두 가지가 있습니다. 바로 순종과 찬송입니다. 시편 기자가 하나님에게 생명을 구하는 첫 구절에서 그의 목적은 하나님에게 순종하는 것이었으며, 마지막 구절(시 전체의 마지막에서 두 번째 구절)에서 그의 목적은 하나님에게 온전한 찬송을 드리는 것이었습니다. 이것은 매우 바람직한 태도로서, '번영 신학'의 핵심에 있는 자기 중심적인 흥정과 뚜렷한 대조를 이룹니다.

a. 순종

왜 하나님이 우리를 선대하시고 저에게 생명을 허락하셔야 할까요? 그것은 우리가 하나님이 원하시는 일을 계속 행하게 하기 위해서입니다. 만물의 창조자이자 구속자이신 하나님을 사랑하고 섬기며 순종하는 일에서 삶의 충만함을 찾기 위해서가 아니라면, 죄인일 뿐인 우리의 생명이 연장된다 한들 과연 무슨 유익이 있을까요? 그러나 구약의 신앙 안에는 놀랍도록 역동적인 생명의 순환이 담겨 있으며, 특히 율법서와 시편에서 두드러지게 나타납니다. 먼저, 하나님이 베푸시는 축복을 통해 우리가 생명을 얻습니다. 그리고 그 은혜와 복에 대한 응답으로 우리가 하나님에게 순종하며 살아 갑니다. 그것이 다시 더 큰 축복으로 이어지고, 그 축복은 다시 새로운 순종으로 연결됩니다. 이 모든 과정은 하나님의 은혜에서 시작해 우리의 감사와 순종으로 이어지며, 다시 더 깊은 축복을 낳고 마침내 하나님의 영광과 기쁨이 온전히 드러나게 됩니다.

• 시편 기자가 늘 마음에 품었을 법한 구절인 신명기 30:19-20을 읽어 보십시오. 여러분(또는 소그룹 지체들)의 매일의 삶 속에서 "생명을 택하고", 주님이 우리의 "생명"이심을 인정하는 것은 무엇을 의미할까요?

b. 찬양

기자 자신의 처절한 탄식과 씨름, 고난과 탈진을 고백하는 이 시편 끝부분에는 삶이 회복되어 하나님을 찬양하기를 바라는 깊은 열망이 나옵니다.

이 시편에는 감동적인 부활 이전 신앙이 드러납니다. 물론 구약의 신자들은 하나님이 죽음을 다스리는 권세를 소유하고 계시며, 그들과 하나님 사이의 관계가 죽음 이후에도 계속 이어지리라는 것을 점점 더 깊이 의식하고 있었습니다. 하지만 그들의 시야 대부분을 채운 것은 바로 지금 여기 하나님의 선하신 땅에서 풍성한 생명을 누리는 것이었습니다. 그렇기에 시편 기자는 이렇게 하나님 앞에 호소합니다. "주님, 제가 세상을 떠난다면 누가 이곳에 남아서 당신을 찬양하겠습니까? 제 뼈들이 그리하겠습니까? 흙이 그리하겠습니까? 그러니 저의 생명을 소생시켜 주셔서 이 땅에서 생명과 호흡을 누리는 동안 기쁨으로 당신을 노래하게 하소서!" 시편 30:9에 담긴 다음의 호소에도 이와 동일한 관점이 제시됩니다.

> 내가 무덤에 내려갈 때에
> 나의 피가 무슨 유익이 있으리요?
> 진토가 어떻게 주를 찬송하며
> 주의 진리를 선포하리이까?

물론 시편 119편의 마지막 어조는 찬양이지만, 마지막 구절은 그 찬양이 마냥 기쁨과 행복으로만 가득한 외침이 아님을 보여 줍니다. 오히려 기자는 자신이 여전히 길 잃은 양과 같은 처지임을 느끼며, 하나님이 자신을 다시 찾으셔서 하나님 곁으로 이끌어 주시기를 간구합니다.

여기서 우리는 성경에 기록된 신자들의 찬양이 그저 기쁨을 표현하는 것 이상이었음을 되새길 필요가 있습니다. 오히려 아무 기쁨이 없어 보이는 상황에서도 찬양은 지속되었습니다. 찬양은 문제가 없을 때만 하는 것이 아니며, 또한 문제를 회피하는 수단도 아닙니다. 오히려 우리는 고난 가운데서도 하나님을 찬양합니다. 이따금 예배 시간에 인도자가 이렇게 초청하는 말을 들을 때 저는 상당한 불편감을 느끼곤 합니다. "이곳에 오기 전까지 여러분을 괴롭혔던 삶의 문제들을 모두 내려놓으십시오. 지금은 그런 문제들을 뒤로하고 하나님의 임재 앞으로 나아가 주님을 찬양합시다." 하지만 이러할 때 우리가 얻는 것은 과연 무엇일까요? 우리는 하나님을 열심히 찬양한 다음에는 동일한 문제들로 되돌아가는 것처럼 생각합니다. 그 문제들은 교회당 문 앞에서 여전히 우리를 기다리고 있습니다. 우리는 예배를 마치고 나가는 길에 그것들을 다시 짊어집니다. 하나님의 존전에 그 문제들을 가져가지 않는 것입니다. 하지만 시편 기자들은 그런 식의 태도를 취하지 않았습니다. 그들은 하나님 앞에 모든 사정을 가지고 나아갔으며, 종종 그분 앞에 그 문제들을 다 쏟아 놓고 제발 무언가 해 보시라고 간청하며 얼마나 더 오래 기다려야 하는지 질문했습니다. 그런데 이런 그들의 모습 역시 찬양이었습니다. '찬양'이란 살아 계신 하나님의 임재와 권능을 고백하면서, 그분 앞에 우리 삶의 모든 일을 가지고 나아가는 것을 의미하기 때문입니다.

여기서 시편 기자는 이렇게 간청하지 않았습니다. "주여, 제 삶을 회복시켜 주셔서 우리 모두 오래오래 행복하게 살게 해 주소서." 우리의 인생은 동화가 아니기 때문입니다. 도리어 그는 이렇게 기도하고 있습니다. "주님, 제 삶을 회복시켜 주시면 저의 전 존재로 당신을 찬양하겠습니다. 제가 길 잃은 양처럼 느껴지거나 삶이 고단할 때도, 당신이 과연 어디에 계시며 무엇을 하시는지 의문이 들 때도 늘 당신께로 나아가겠습니다."

c. 회복

요즘 '회복'이라는 단어가 지나치게 남용된 나머지, 성경적인 뿌리와 의미에서 벗어나 왜곡될 때가 있습니다. 어떤 집단에서는 영적인 자아도취를 지칭하는 데 사용되기도 합니다. "제가 얼마나 회복되고 축복받았는지 보세요! 여러분도 우리의 방식을 그대로 따라하기만 하면 이와 동일한 회복을 누리게 될 것입니다." 많은 이들이 축복과 회복을 원하지만, 이 시편 기자처럼 어려움 가운데서 순종과 찬양의 삶을 살고 싶지는 않을 것입니다. 하지만 순종 없는 회복은 일종의 허상입니다. 나아가 삶의 모든 영역에서 하나님을 향해 드리는 순전한 찬양 없는 회복은 그저 자기 중심적인 우상숭배일 뿐입니다.

• 우리가 하나님에게 새롭게 회복된 삶을 간구할 때, 그러한 회복은 우리의 마음과 삶

에 어떤 영향을 미쳐야 할까요? 이 성경공부를 마친 후에 '현실 세계의 삶'으로 돌아갈 때, 구체적으로 어떤 면에서 회복된 삶을 살기를 바라나요?

더 깊이 나아가기

이사야 40:28-31을 읽어 보십시오.

이 본문에서는 "주님을 소망으로 삼는 사람"이 새 힘을 얻는다고 말합니다(새번역). 주님을 소망으로 삼는다는 것은 구체적으로 무엇을 의미할까요? 이는 우리가 자신의 고난과 시련을 바라보는 방식에 어떤 영향을 미쳐야 할까요?

묵상과 토론을 위한 질문

하나님이 우리의 삶에 위로, 소망, 보호를 베풀어 주신다는 약속이 담긴 구약의 구절들에 대한 목록을 작성해 보십시오. 그에 대한 예로 다음과 같은 구절들이 있습니다.

- 여호수아 1:5

- 시편 23편
- 이사야 43:1-2
- 예레미야 29:11
- 다니엘 3:16-18

여러분도 직접 다른 본문들을 찾아서 추가해 보십시오. 그리고 여러분의 특정한 필요를 위해 약속하신 생명력을 달라고 기도해 보십시오.

결론

지금까지 우리는 이 놀라운 시편을 기록한 기자 곁에서 여정을 함께했습니다.

- 우리는 하나님의 말씀과 영원한 도덕적 진리를 향한 그의 진지한 헌신에 감명을 받았으며, 그 세계관에 담긴 힘과 열정에 도전을 받았습니다.
- 우리는 그가 하나님의 말씀 안에서 빛과 교훈을 얻어 하나님의 인도를 따라 하나님의 길로 행하기를 간절히 열망하는 모습을 보았습니다.
- 우리는 죄와 그것이 인간의 삶에 끼치는 가공할 해악에 대한 그의 예리한 인식에 공감했으며, 그 죄의 지배에서 벗어나 우리를 용서하시는 하나님의 은혜를 통해 유일하고 참된 해답을 얻고자 하는 그의 갈망을 함께 나누었습니다.
- 우리는 그가 외적으로나 내적으로 겪고 있던 몇 가지 어려움에 주목했으며, 그의 깊은 탄식과 항변에 귀를 기울였습니다. 그리고 그것이 단순히 우리를 향한 하나님의 말씀일 뿐만 아니

라, 종종 우리를 대신해 말해 주는 것이기도 하다는 것을 깨달았습니다.

- 끝으로 우리는 하나님의 성품과 말씀에 근거해 하나님만이 주실 수 있는 새롭고 회복되고 풍성한 생명을 향한 그의 반복되는 갈망을 들었습니다.

이제 우리는 이 위대한 시편의 마지막 부분을 천천히 소리 내어 읽으면서 이 책의 논의를 마무리하려 합니다. 이는 그 부분에서 이 시편의 여러 중요한 주제가 다시금 강조되기 때문입니다.

여호와여 나의 부르짖음이 주의 앞에 이르게 하시고
주의 말씀대로 나를 깨닫게 하소서.
나의 간구가 주의 앞에 이르게 하시고
주의 말씀대로 나를 건지소서.
주께서 율례를 내게 가르치시므로
내 입술이 주를 찬양하리이다.
주의 모든 계명들이 의로우므로
내 혀가 주의 말씀을 노래하리이다.
내가 주의 법도들을 택하였사오니
주의 손이 항상 나의 도움이 되게 하소서.

여호와여 내가 주의 구원을 사모하였사오며
주의 율법을 즐거워하나이다.
내 영혼을 살게 하소서.
그리하시면 주를 찬송하리이다.
주의 규례들이 나를 돕게 하소서.
잃은 양 같이 내가 방황하오니 주의 종을 찾으소서.
내가 주의 계명들을 잊지 아니함이니이다. (169-176절)

그리고 이 시편 마지막 구절에 담긴 그의 마지막 기도를 묵상할 때, 결국 길 잃은 양이 어떻게든 목자를 찾아 나서야 하는 것이 아니라 참 목자이신 주님이 친히 길 잃은 양과 같은 우리를 찾아오신다는 것을 깨닫게 됩니다. 이 얼마나 큰 위로를 주는 말씀인지요!

우리가 주님을 찾고 우리의 삶을 향한 그분의 말씀과 뜻을 구할 때, 주님이 친히 우리를 찾고 만나 주시기를 간절히 기도합니다.

시편119편, 진리의 말씀으로 삶을 빚다

지은이 크리스토퍼 라이트 • 옮긴이 송동민
펴낸곳 (사)한국성서유니온선교회 • 등록 제14-6호(1978. 10. 21.)
 • 초판 발행 2025년 3월 25일
주소 05663 서울시 송파구 오금로 22길 13 • 전화 02-2202-0091 • 팩스 02-2202-0095
이메일 edit02@su.or.kr • 홈페이지 www.su.or.kr

ISBN 978-89-325-0228-1 03230

성서유니온선교회(Scripture Union)는 1867년에 영국에서 어린이 전도와 성경읽기 사역을 시작하여, 현재 120여 개국에서 다양한 사역을 펼치고 있는 국제 선교단체입니다.

한국성서유니온선교회는 1972년에 시작되어 한국 교회에 성경묵상(QT)을 소개하였고, 현재 전국 12개 지부에서 성경읽기, 어린이 · 청소년 전도, 캠프, 개인성경공부(PBS), 그룹성경공부(GBS), 지도자 훈련, 기독교 서적 출판 등의 사역에 힘쓰고 있습니다.

성서유니온선교회의 목적은 어린이와 청소년 그리고 그들의 가정에 하나님의 복음을 전하는 한편, 모든 그리스도인이 규칙적이고 체계적인 성경묵상을 통해 온전한 믿음에 이르도록 돕는 것입니다.